费尔巴哈文集

第 5 卷

宗教的本质

王太庆　译

商務印書館
创于1897 The Commercial Press

Ludwig Feuerbach

DAS WESEN DER RELIGION

本书依据 W. Bolin 和 F. Jodl 所编

Ludwig Feuerbach's sämmliche Werke

第 7 卷(1903 年 Stuttgart 版)译出

文 献 说 明

一、本文集主要依据的费尔巴哈著作集

1. 德文版《费尔巴哈全集》第 1 版

费尔巴哈的著作在其在世时曾以单行本、小册子及各种文集的形式出版，其本人于 1846 年着手编纂并出版自己的全集（莱比锡，由奥托·维甘德[Otto Wigand]出版），截至 1866 年共出版 10 卷，该版通常被称为《费尔巴哈全集》第 1 版。

第 1 版 10 卷卷名如下：

第 1 卷 *Erläuterungen und Ergänzungen zum Wesen des Christenthums*（1846）

第 2 卷 *Philosophische Kritiken und Grundsätze*（1846）

第 3 卷 *Gedanken über Tod und Unsterblichkeit*（1847）

第 4 卷 *Geschichte der neuern Philosophie von Bacon von Verulam bis Benedict Spinoza*（1847）

第 5 卷 *Darstellung, Entwicklung und Kritik der Leibnitz'schen Philosophie*（1848）

第 6 卷 *Pierre Bayle*（1848）

第 7 卷 *Das Wesen des Christenthums*（1849）

第 8 卷 *Vorlesungen über das Wesen der Religion*(1851)

第 9 卷 *Theogonie nach den Quellen des classischen, hebräischen und christlichen Alterthums*(1857)

第 10 卷 *Gottheit, Freiheit und Unsterblichkeit vom Standpunkte der Anthropologie*(1866)

2. 德文版《费尔巴哈全集》第 2 版

1903 年费尔巴哈的友人 W. 博林(W. Bolin)和 F. 约德尔(F. Jodl)为纪念费尔巴哈 100 周年诞辰(1904 年),从 1903 年到 1911 年,整理出版了 10 卷本的《费尔巴哈全集》(斯图加特,弗罗曼出版社[Frommann])。这部全集通常被称为《费尔巴哈全集》第 2 版,它比《费尔巴哈全集》第 1 版全备,但 W. 博林和 F. 约德尔对著者在世时出版的原本进行了加工,他们不仅改变书法、标点以及拉丁文和其他外文引文的德译,还在许多地方按照自己的意思改变在他们看来过于尖锐的文句,删去他们认为无关紧要的地点。

第 2 版 10 卷卷名如下:

第 1 卷 *Gedanken über Tod und Unsterblichkeit*(1903)

第 2 卷 *Philosophische Kritiken und Grundsätze*(1904)

第 3 卷 *Geschichte der neueren Philosophie von Bacon von Verulam bis Benedikt Spinoza*(1906)

第 4 卷 *Darstellung, Entwicklung und Kritik der Leibniz'schen Philosophie*(1910)

第 5 卷 *Pierre Bayle. Ein Beitrag zur Geschichte der Philosophie und Menschheit*(1905)

第 6 卷 *Das Wesen des Christenthums*(1903)

第 7 卷 *Erläuterungen und Ergänzungen zum Wesen des Christenthums*(1903)

第 8 卷 *Vorlesungen über das Wesen der Religion*(1908)

第 9 卷 *Theogonie nach den Quellen des classischen, hebräischen und christlichen Alterthums*(1910)

第 10 卷 *Schriften zur Ethik und nachgelassene Aphorismen*(1911)

3. 俄文版及中文版《费尔巴哈哲学著作选集》

苏联国家政治书籍出版社 1955 年出版了两卷本的俄文版《费尔巴哈哲学著作选集》(*Людвиг Фейербах, Избранные философские произведения*, Госполитиздат, Москва. 1955),该俄译本在遇到第 1 版和第 2 版有歧义时,均恢复了费尔巴哈本人(即第 1 版)的原文。上卷包含"路德维西·费尔巴哈"(葛利高利扬著)、"黑格尔哲学批判"、"论'哲学的开端'"、"改革哲学的必要性"、"关于哲学改造的临时纲要"、"未来哲学原理"、"谢林先生"、"反对身体和灵魂、肉体和精神的二元论"、"说明我的哲学思想发展过程的片段"、"对《哲学原理》的批评意见"、"从人本学观点论不死问题"、"论唯灵主义和唯物主义,特别是从意志自由方面着眼"、"幸福论"以及"法和国家";下卷包含"基督教的本质"、"因《唯一者及其所有物》而论《基督教的本质》"、"宗教的本质"以及"宗教本质讲演录"。

商务印书馆 1984 年依据此俄文版《费尔巴哈哲学著作选集》翻译出版了中文版《费尔巴哈哲学著作选集》,此版本在篇目编排上依据俄文版《费尔巴哈哲学著作选集》,译文能找到德文的均依据德文译出,找不到的则依据俄文译出。

此外，俄文版《费尔巴哈哲学著作选集》上下卷卷末均有较长的注释，除介绍了版本信息和内容概要外，还在尾注中对正文内容做了一些补充说明，对了解费尔巴哈的学术思想颇有帮助。商务印书馆 1984 年版《费尔巴哈哲学著作选集》翻译了这些注释。

本次编选《费尔巴哈文集》时，将这些注释中的版本信息和内容概要加以整理，列在相应的各卷“编选说明”中；将尾注内容改为脚注，附在对应各卷的正文中，并注明“俄文编者注”。

4. 中文版《费尔巴哈哲学史著作选》

商务印书馆 1978—1984 年依据《费尔巴哈全集》第 2 版第 3、4、5 卷翻译出版 3 卷本《费尔巴哈哲学史著作选》，卷名如下：

第 1 卷《从培根到斯宾诺莎的近代哲学史》(1978 年)

第 2 卷《对莱布尼茨哲学的叙述、分析和批判》(1979 年)

第 3 卷《比埃尔·培尔对哲学史和人类史的贡献》(1984 年)

二、其他主要德文编选文献

卡尔·格留恩(Karl Grün)编：《费尔巴哈的通信和遗著及其哲学发展》(*Ludwig Feuerbach in seinem Briefwechsel und Nachlass sowie in seiner philosophischen Charakterentwicklung*)，两卷，1874 年出版于莱比锡和海德堡，C. F. 温特书店(C. F. Winter'sche Verlagshandlung)。

卡普(August Kapp)编：《路德维希·费尔巴哈和克里斯提安·卡普通信集》(*Briefwechsel zwischen Ludwig Feuerbach und Christian Kapp*)，1876 年，莱比锡，由奥托·维甘德出版。

博林(W. Bolin)编：《费尔巴哈来往通信集》(*Ausgewählte*

Briefe von und an Ludwig Feuerbach)，两卷，1904年，莱比锡，由奥托·维甘德出版。

朗格(Max Gustav Lange)编：《费尔巴哈短篇哲学论文集》(*Kleine philosophische Schriften*，1842—1845)，1950年，莱比锡，费利克斯·迈纳出版社(Felix Meiner)。

舒芬豪尔(Werner Schuffenhauer)编：《费尔巴哈通信集》(*Ludwig Feuerbach*，*Briefwechsel*)，1963年，莱比锡，雷克拉姆出版社(Reclam Verlag)。

舒芬豪尔编：《费尔巴哈全集》(*Ludwig Feuerbach*：*Gesammelte Werke*)，22卷，1967年，柏林，科学院出版社(Akademie-Verlag)，其中第1—12卷为费尔巴哈生前发表著作，第13—16卷为遗著，第17—21卷为通信，第22卷为附录。

舒芬豪尔编：《费尔巴哈：短著集》(*Ludwig Feuerbach*，*Kleinere Schriften*)，3卷。第1卷(1835—1839)，1969年，柏林，科学院出版社；第2卷(1839—1846)，1970，柏林，科学院出版社；第3卷(1846—1850)，1971年，柏林，科学院出版社。

埃利希·蒂斯(Erich Thies)编：《费尔巴哈文集》(*Ludwig Feuerbach*：*Werke in sechs Bänden*)，1975—1976年，法兰克福，苏尔坎普出版社(Suhrkamp Verlag)。

商务印书馆编辑部

2021年7月

本卷编选说明

本卷于1845年写成，费尔巴哈本人曾经说过，他写出这部著作是由于有必要帮助大家正确地认识他的观点。他在《基督教的本质》一书中曾经证明基督教的基础是人的本质，基督教的秘密是人本学。可是有一些人，费尔巴哈说，却“认为我无中生有地虚构出人的本质，把它说成至高无上的东西，并且援引了直接的依赖感来反对我关于人的神化的看法……我说，先生们，你们以思维的态度对待那些污蔑嘲弄你们的人，这是完全正确的。我很清楚地知道，说不定比你们更清楚地知道，把人的存在想成独立自存的存在，想成不依靠任何东西的绝对的存在，那就是荒谬绝伦，就是唯心主义的虚构”。为了像他所说的那样，消灭《基督教的本质》一书中的这一项缺点，费尔巴哈于是决定写出这部《宗教的本质》，在其中论述一般宗教的本质，包括各种先于基督教的、异教的、原始的宗教在内。他接着说：“在这部书里，由于主题不同，我的活动范围已经宽广得多，因此我也有可能摆脱那种唯心主义片面性的外观了；这种外观在《基督教的本质》一书中曾经给我招来那些没有批判态度的批判者的责备。”费尔巴哈曾经证明宗教产生于依赖感，在本书中他为这个论点提出了一个补充，认为人经常依赖的东西“无非就是自然”。因此他在这部著作中详细指出，宗教的对象，特别是各种早期宗教的对象，乃是自然，在这些宗教的神身上，也和在物理实体身上一样，体现着自然界的各种力量、性质和威力。"因此，如果说我从前是把我的学说表达成神学就是人本学这个公式的话，那么现在为了完备起见，我应当补充上：以及生理学。"费尔巴哈的这些判断很清楚地说明了他的观点的抽象性和形而上学性。这位德国哲学家并没有指出人是社会关系的产物，宗教是一种由人们相互间的社会关系里生长出来的现象，而只限于指出人的生活的自然基础，指出人对自然的依赖性；他主要是从人对自然的关系出发来说明宗教的。

费尔巴哈的《宗教的本质》发表时，马克思和恩格斯正在写作《德意志意识形态》一书，其中专门有一章对费尔巴哈的哲学做批判性的评价。那时在德国的恩格斯曾经于 1846 年 8 月 19 日写信给马克思说："我在《后裔》一书中翻阅了费尔巴哈的'宗教的本质'。除了某一些写得中肯的地方以外，这部书仍然是以他原有的精神写的。在一起头只谈自然宗教的时候，他还勉强比较严格地守着经验的基地，可是到后来就已经表现得不那么严格了。仍旧是本质、人等语。我要比较仔细地把这篇东西读一遍，并且在最近寄给你一份要点摘录，如果这种摘录还有点用处、可以供你写费尔巴哈(指《德意志意识形态》中关于费尔巴哈的那一部分)时参考的话。"(《马克思恩格斯全集》，俄文第 1 版，第 21 卷，第 24 页)恩格斯在 1846 年 10 月中旬写给马克思的信中实践了这个约言，他详细地叙述了费尔巴哈的这篇论文，在信尾指出："关于各种宗教的历史发展，我们一点也没有看到什么东西。至多也只是从宗教史里举出了一些例子来作为一般论点的证明。这篇论文的主要部分是一些反对上帝和基督徒的论战，其精神气味和他以前的作品是完全一样的……如果我们要想在那些关于自然宗教、多神教、一神教的细微末节方面说点什么的话，那就应当提出这些宗教形态的实际发展来与它们相对立，只有为了说明这个发展才应当去研究这些细微末节。但是对于我们的工作来说，这一点和他对基督教的解释一样，是与我们没有什么关系的。这篇论文并没有为费尔巴哈的正面哲学观点提供出任何新的东西来。”（《马克思恩格斯全集》，俄文第 1 版，第 21 卷，第 45—46 页）由此可见，费尔巴哈的《宗教的本质》一书，对于当时已经形成了自己的革命无产阶级世界观的马克思和恩格斯来说，并没有产生《基督教的本质》一书问世时所产生的那种影响。

本卷最初于 1846 年由维干德发表于论文集《后裔》（*Die Epigonenb*）中，《费尔巴哈全集》第 1 版收录在第 1 卷（*Erläuterungen und Ergänzungen zum Wesen des Christenthums*）；《费尔巴哈文集》第 2 版收录在第 7 卷（*Erläuterungen und Ergänzungen zum Wesen des Christenthums*）；俄文版《费尔巴哈哲学著作选集》收在下卷，由波波夫根据《费尔巴哈全集》第 1 版第 1 卷译出，并经鲁宾按德文原本校阅；本卷依据《费尔巴哈全集》第 2 版第 7 卷译出。

商务印书馆编辑部

2021 年 7 月

目　　录

宗教的本质[①]

一

人的本质或上帝，我在《基督教的本质》一书中，已经加以阐明。至于那异于人的本质、不依靠人的本质的实体，亦即那不具人的本质、人的特性、人的个性的实体，真正说来，不是别的东西，就是自然[②]。

二

人的信赖感，是宗教的基础；而这种依赖感的对象，亦即人所

---

① 这个作品，就是我在《路德研究》(见《费尔巴哈全集》第1版第7卷，第370页)中所提到过的那个“论文”，不过并不是以论文的形式写出，而是以自由独立的思想的形式写出的。本文的主题，或者至少可以说本文的出发点，乃是宗教，就这一点说，它的对象是自然，我在《基督教的本质》与《路德研究》中，曾经撇开自然不谈，我必须撇开自然不谈，才能切合题旨，因为基督教的核心并不是自然中的上帝，而是人中间的上帝。

② 自然对于我，和“精神”一样，只不过是用来表示实体、事物、对象的一个一般名词，人将这些东西与他自身及他自身的产物分开，用自然这个共同名词加以概括，但是这并不是一个普遍的、从实际事物抽离出来的、人格化与神秘化了的东西。

依靠并且人也自己感觉到依靠的那个东西，本来不是别的东西，就是自然。自然是宗教的最初原始对象，这一点是一切宗教和一切民族的历史所充分证明的。

三

说宗教是人一生下来就自然而然地具有的，这话是错误的；如果我们把一般宗教认为就是有神论的那些观念、即真正信仰上帝的那些观念的话。可是如果我们把宗教认为只不过是依赖感，只不过是人的感觉或意识：觉得人若没有一个异于人的东西可依赖，就不会存在，并且不可能存在，觉得他的存在不是由于他自己，那么，这句话倒完全是真的。这一个意义之下的宗教，对于人的关系，很像光对于眼、空气对于肺、食品对于胃那样密切。宗教乃是对于我之所以为我的思量和承认(Beherzigung und Bekennung)。无论如何，我总不是一个离开光、离开空气、离开水、离开大地、离开食料而存在的东西，总是一个依靠自然的东西。这种依赖性在动物和动物阶段的野蛮人中，是个不自觉、不自省的依赖性；将它提升到意识中，表象它、思量它、承认它，就是进入宗教。因此一切生命都依傍于季节的变化，而唯独人则用戏剧式的观念，用度节日的行为，来庆贺这个变化。这些仅仅表示季节变迁或月亮盈亏变化的节日，乃是人类最古老最原始的本来的宗教表白。

四

一个人，一个民族，一个氏族，并非依靠一般的自然，也非依靠一般的大地，而是依靠这一块土地、这一个国度；并非依靠一般的水，而是依靠这一处水、这一条河、这一口泉。埃及人离了埃及就不成为埃及人，印度人离了印度就不成为印度人。普遍的人既然可以将他的普遍的本质当作上帝崇拜，那么，那些肉体和灵魂都束缚在自己的土地上面、将自己的本质限制在自己民族和氏族的特质中而不放在人性之中的古代闭塞的民族，当然有同样的充分理由把他们国度中的一些山岳、树木、动物、河川、泉源当作神来崇拜，因为他们的整个存在、整个本质确乎只是寄托在他们的国度、他们的自然的特质上面。

五

有一种空想的看法，认为人只有借天道、借助于“超人性的”存在者，如神、精魂、灵鬼、天使之类，才能超脱动物的境地。人当然并不是孤立地仅仅靠着自己便成了他之所以为他；他必须有另一些存在者的支持才能成为他之所以为他。不过这些存在者并不是超自然的、想象的产物，而是实在的、自然的事物，并不是人以上的，而是人以下的事物；因为一切支持人作自觉的、有意的、通常单独被称为人性的行为的东西，一切优良的禀赋，都不是从上而降，而是从下而出，不是自天而降，而是由自然的深处而来的。这些帮助人的东西，这些保护人的精灵主要是动物。只有凭借动物，人才能超升到动物之上；只有借动物之助，人类的文化种子才能滋长。在《真德亚吠陀》中，公认为最古[①]最真的“温底达”篇[②]里说：“世界赖狗的理智而维持存在，狗若不守护街衢，盗贼和狼便要劫尽一切财物了。”从动物对于人的这个意义之中，特别在刚开始有文化的时期，对动物的宗教崇拜得到了充分的辩解。动物是人不可少的必要的东西；人的存在便依靠动物；而人的存在和生命所依靠的那个东西，对于人说，就是上帝。至于基督教徒不再将自然当作上帝崇拜，那只是因为按照他们的信仰看来，他们的存在并非依靠自然，而是依靠一个异于自然者的意志；可是他们所以把这一个异于自然的东西当作神圣的或最高的存在者，所以把它当作上帝崇拜，只是因为他们把它看成他们的存在和生命的创造者与维持者。因此神的崇拜只不过依附在自我崇拜上面，只不过是自我崇拜的一个现象。如果我轻视我自己，轻视我的生命——在原始的正常的情形之下，人对于他自己与他的生命是不加区别的——，我怎样会赞美和崇拜那为这个可怜的、被轻视的生命所依靠的东西呢？因此，在我所加于生命原因上面的那个价值里，只是那意识的对象才成为价值，我又不知不觉地将这价值加到我的生命上面，加在我自己身上。因此生命的价值升得越高，那些生命赐予者——诸神——的价值和尊严自然也就抬得越高。如果人还不知道金银的价值和用途，金神和银神怎么会发出光彩呢？希腊人充实的生命

---

① 虽然这书也是“在较晚的时代写成的”。

② “Zend Avesta”，意即“圣经及其解释”，是古波斯拜火教经典，分五篇，其中一篇叫“Vendidad”，意即“祛邪典”。——译者

和对生命的爱，与印第安人孤寂的生命和对生命的蔑视，中间有多么大的不同啊！但是希腊神话与印第安寓言之间，奥林普山的神人之父[①]与那伟大的印第安袋鼠或响尾蛇——印第安人的始祖——之间，又有多么大的不同！

六

基督教徒和异教徒同样喜爱生命，不过基督教徒将他们安享生命的感恩归之于天父；正因此他们谴责异教徒为拜偶像者，说异教徒只停留在感谢和崇拜被创造物的阶段，而不提高到那最初的本因，那一切恩惠的唯一真因。然而我难道把我的存在归功于亚当，归功于第一个人吗？我难道把他当作我的父亲崇拜吗？我为什么不应当停留在崇拜被创造物的阶段呢？我自己不是一个被创造物吗？对于这个并非来自远处的我说，对于我，对于我这个确定的个别的存在者说，最切近的原因、这同样确定的个别的原因，不就是最后的原因吗？我这个与我自身及我的存在不可分离、不可分别的个性，不是依靠着我的父母的个性吗？如果我继续追溯上去，最后我岂不失去了我的一切存在迹象吗？这里难道没有一个回溯过程中的必要的终止点吗？我的存在的开端，岂不是一个绝对个人的开端吗？我难道是和我的兄弟在同一年、同一个时辰、同一个情况中、总之在同一的内在外在条件之下受胎的吗？我的生命既然是一个毫无问题的独特的生命，我的开始岂不也是一个独

① 古希腊人相信诸神住在 Olymp 山上，宙斯是诸神和人类的父亲。——译者

特的个体的开始吗？那么我难道应该把孝心一直推展到亚当身上吗？不是的！我有充分的理由守着那与我最切近的实体，守着我的父母，把他们当作使我存在的原因，向他们作宗教的崇敬。

七

所谓有限原因或有限事物的连续无间的系列，古代的无神论者们认为是一个无限的系列，有神论者们则认为是一个有限的系列。这个系列和时间一样，仅仅存在于思想之中，存在于人的观念之中，时间中的一个瞬间和另一个瞬间是毫无间断、毫无差别地连贯着的。实际上，这个因果系列的冗长的单调性为事物的区别或个性所打断、所扬弃，个性是一种新的、独立的、唯一的、最后的、绝对的东西。在自然宗教意义之下的圣水，诚然是一个化合物，是一个依靠氢气和氧气的东西，然而同时也是一个新的、只像它自己的、新创的东西，其中氢和氧两种元素的特性本身已经消失、已被扬弃。异教徒在他素朴的宗教心情里把月光当作一种独立的光崇拜，月光诚然是一种派生而来的光，可是同时也是一种与直接的日光不同的独特的光，一种由月球的阻挡而改变了的光——因而是一种若无月球即不存在的光，它的特性的根据，只是在月球里面。狗，在拜火教徒看来，是一种能服务的忠诚动物，所以拿来当作一种行善的（因此是神圣的）东西在祷辞中称颂；它诚然是一个自然产物，并不由它自己、凭它自己而成为它之所以为它；可是同时却只是狗自身，是这个生物，而不是别的，才具有那些值得崇拜的特点。我是否应该因这些特点而仰视那最初的普遍原因而不顾狗呢？

然而这个普遍的原因却同样地既是那与人为友的狗的原因，也是那与人为敌的狼的原因，并无分别；如果我要确保我自己的有较高合法性的存在，我是必须不顾这普遍的原因而取消狼的存在的。

八

显示于自然之中的神圣实体[①]，并不是什么别的东西，就是自然本身，自然本身以一种神圣实体的姿态显示于人，呈现于人，强加于人。古代墨西哥人的许多神中，也有一位盐神[②]。这位盐神给我们打开了迷惘，以亲切的方式使我们看出了一般的自然神的本质。盐（岩盐）以它的经济效用、医疗效用、工业效用给我们描述出那有神论者所盛赞的自然的有用和恩惠，以它对眼睛和心情的效用，以它的色彩、它的光泽、它的透明表现出自然的美丽，以它的晶体结构和形相表现出自然的和谐和规律性，以它之由相反的质料组成，表现出自然之由相反的元素结合成一个整体——表现着一种结合，这种结合素来被有神论者认为足以证明有一个异于自然的主宰自然者存在着，认为这是一个颠扑不破的证明，因为他们由于不认识自然而不知道正是这些相反的质料或本质自己互相吸引，彼此凭借自己结成一个整体。那么盐神是什么东西呢？这一位领域、存在、启示、作用和特性都包含在盐里面的神，究竟是个什么东西呢？并不是什么别的东西，就是盐本身，它由于它的特性和

① 即神。——译者

② 或作女神，不过在这里是一样的。

功效，在人看来，好像是一个具有神性者，即是说，一个施惠的、庄严的、值得赞美与景慕的实体。荷马便明明白白地说盐是神圣的。那么，盐神既然只是盐之神性的映像和表征，整个世界或自然的上帝也就是自然的神性的映像和表征了。

九

有些人认为在自然之中，除了自然本身之外，还表现着另一个实体，认为自然被一种与它不同的实体所充塞、所宰制。这种信仰，根本上和相信精魂、灵鬼、恶魔至少在某些状况之下凭藉人身而显现，在人身上作祟，是并没有两样的，实际上就是相信自然里有一个外来的鬼物作祟。在这种信仰的立场上，自然里实际上的确有一个精灵在作祟，但是这个精灵就是人的精神、人的幻想、人的心情；这种心情不由自主地潜入自然之中，把自然弄成了人的本质的一个表征和反映。

一〇

自然不仅是宗教最初的原始对象，而且还是宗教的不变基础、宗教的潜伏而永久的背景。有些哲学家表示，神即使被表象成一个异于自然的超自然实体，也依然是一个存在于人之外的客观实体。这一种信仰的基础仅仅在于：那存在于人之外的客观实体——世界、自然——原来就是这个神。自然的存在，并不像有神论者所妄想的那样，寄托在上帝的存在上面，决非如此！恰好相反：上帝的存在，以至于对上帝存在的信仰，只是寄托在自然的存在之上。你之所以迫不得已把上帝想成一个存在的实体，只是因为你被自然本身所迫，以自然的存在作为你的存在和你的意识的前提，而上帝的最初基本概念所表示的正好就是：上帝的存在是先于你的存在的，是假定在先的。换句话说，我们如果相信上帝是存在于人的心情、人的理性之外，绝对地存在着，不管有没有人，不管人是否想到他，不管人是否企求他，他都同样存在，那么，在这信仰里以至于在这信仰的对象里支配你的，并不是别的，正是自然。自然的存在并不需要人的存在来支持，更说不上要依赖人的理智和心情作为基础。因此，如果神学家们——尤其是理性派的神学家们——把上帝的尊严主要地放在"上帝是一个独立于人的思想而存在的实体"这个观念上，那他们就大可以考虑考虑：这种存在者的尊严也同样属于盲目的异教徒的诸神——星辰、石头、树木、动物，因此他们的上帝的无思想的存在，是与埃及的阿比斯[①]的存在没有分别的。

一一

确定和表示神与人或个人之间的差异的那些特性，从根本上说来，只不过是自然的特性。上帝是最有能力的或全能的实体——也就是说，上帝能做人所不能做的事，能做无限地越出人力以外的事，因此将一种认为自己有限、无力、一无所有的自卑感注

① Apis 或 Hapis，是古代埃及人所崇拜的圣牛。——译者

入了人心。上帝向约伯[①]说："你能够把北斗七星的带子连接在一起吗？你能够把猎户星的带子拆散吗？你能够将闪电放出，让闪电说'我们在这里'吗？你能给马气力吗？苍鹰是由于你的理智而飞翔的吗？你有没有一只像上帝一样的胳臂？你能不能像上帝一样发声作出雷霆？"不能的！这是人所不能的；人的声音不能和雷霆相比。但是表现在雷霆的威力中、骏马的强壮中、苍鹰的翱翔中以及北斗七星不息运行中的那个力量，究竟是什么东西呢？这是自然的力量[②]。上帝是永恒的实体。可是圣经里也曾写道："一代过去，另一代出世，然而大地千古如斯。"在《真德亚吠陀》中明明白白地说，日月永存而"不死"。有一个秘鲁的印加人[③]向一个多明我派僧侣说："你崇拜一个死在十字架上的上帝，我却崇拜那永远不死的太阳。"上帝是全善的实体，"因为他使他的太阳照临恶人也照临善人，使雨水膏沐正人也膏沐邪人"；但是这个对善、恶、邪、正不加区别的实体，虽不按照道德的功绩来分配生活的资财，终究给予人一个善者的印象，正是因为它的那些作用，譬如使万物滋长的

---

① Hiob，见《旧约》中的《约伯记》。——译者

② 苏格拉底斥物理学（Physik，依希腊文字义即"自然学"。——译者）为一件超出人力的无用的工作，因为即使我们知道雨是怎样发生的，也并不能因此造出雨来，所以他只从事研究人的、道德的对象，这种对象是人可以借知识而做出来的。这就是说，凡是人所能做的，便是属于人的，凡是人所不能做的，便是超人的、神的。有一位卡斐人（Kaffer，克里米亚古希腊殖民地的人民。——译者）的国王也曾说道："他们信仰那对他们时好时歹的看不见的势力，那激起风雷闪电的势力，那作出他们所不能模仿的一切事情的势力。"还有一个印第安人向一个传教士说："你能使草生长吗？我不相信我能，也没有人能这样做，除了那伟大的马尼托（Manitto，北美洲印第安人的大神。——译者）。"因此，被认作一个与人不同的实体的那个神的基本概念，不是别的，就是自然。

③ Ynka，南美洲印第安人的一族。——译者

阳光和雨水之类，乃是使人得到高度施惠感觉的泉源，这样的一个实体正是自然。上帝是无所不包的、普遍的、唯一而同一的实体，但是那普照地上或世间一切人类和万物的——因为大地本来而且在一切宗教中就是世界本身——，乃是那唯一而同一的太阳，那覆盖万物的，乃是那唯一而同一的苍天，那载负万物的，乃是那唯一而同一的大地。安伯若斯[①]说，有一位上帝，创造了共同的自然，因为只有一个世界。普鲁塔克[②]说，正如日月、天地、海洋为众人所共有，不过有些人这样叫它们，另一些人那样叫它们，同样也只有一个统驭宇宙的精灵，不过它拥有不同的名号，并且人们对它行不同的礼拜而已。上帝"并不是住在人手造成的庙里的东西"；但是他也不是自然。谁能把光，谁能把天，谁能把海洋关进局限的、人的空间之内呢？古代的波斯人和日耳曼人只崇拜自然，可是他们并没有庙宇。庙宇或礼拜堂里那一点点人造的、为人所规划的空间，对于崇拜自然的人是太狭太闷了；只有在那一望无际的自由长空之下，他们才感觉舒服。上帝不是人的尺度可以规定的，乃是不可测度的、伟大的、无限的实体；不过他之所以如此，只是因为他的作品——世界——是伟大的、不可测度的、无限的，或者至少对于人是这样的。作品显扬它的主人：创造者的光辉只是建立在创造品的光辉上面。"太阳是这样伟大，那么太阳的创造者该多么伟大啊！"上帝是超凡的、超人的最高实体；可是就其起源和基础说，却只不过是那在空间方面的、在视觉上的最高实体：天空和它的那

① Ambrosius，八世纪时法国本笃派神学家。——译者

② Plutarch，一世纪时希腊名作家。——译者

些灿烂的现象。一切只要有点生气的宗教，都把它们的神灵搬进云端里去，搬进以太或太阳、月亮和星辰里去，一切神灵最后都化作苍茫的太空。甚至基督教徒的唯灵主义式的上帝也高踞在天上。上帝是充满秘密的不可思议的实体，这只是因为自然对于人——特别对于教徒——是个充满秘密的不可思议的实体。上帝向约伯说："你知道云彩是怎样散布的吗？你到过海底吗？你知道大地有多宽？你看出冰雹是从那里来的吗？"总之，上帝是一个超出人类意愿的、没有人类欲求和情感的激动的、永远如一的、依照不变的法则主宰着的、将它一度规定的永远不变地规定下来的实体。但是这个实体如果不是那历万变而始终如一的、合乎规律的、无情无私的、毫不任性的自然，又是什么呢？[①]

一二

作为自然创造者的上帝，固然被表象成为一个与自然有别的实体，但是这实体所包含、所表达的东西，这实体的实际内容，却只是自然。圣经中说："你们应该从它[②]的那些果实中去认识它"，使徒保罗也明明白白地指点给我们看，世界是一件作品，从这作品可

①　这些原来只是由直观自然而来的特性，后来变成了一些抽象玄虚的特性，正如自然本身便变成了一种抽象的理性物。从这个观点说，只要人忘记了上帝源出自然，上帝便不是一个直观中的、感性中的实体，而只是一个思想出来的实体，这就是说：那个与真正人性的上帝有别的、非拟人论的上帝（拟人论是认为神具有人的性格的神学学说。——译者），并不是别的，就是理性的实体。以上是本文与我的《路德研究》和《基督教的本质》的关系。

②　指自然。——译者

以认识上帝的存在和本质，因为一个人所做出来的东西便包含着他的本质，便向我们说明他是什么东西以及他能做什么事情。于是凡是我们在自然中看见的东西，我们就设想它在上帝中，而且把它想作自然的创始者或原因——所以并不是个道德的、精神的实体，而只是个自然的、物理的实体。一种上帝崇拜，如果只是根据上帝是自然的创造者这一点而崇拜，并不把另一些由人假想出来的性格加之于上帝，同时也不把上帝想成一个政治、道德方面、亦即人性方面的立法者，那么这种礼拜将是个纯粹的自然礼拜。自然的创造者诚然被赋予了理智和意志，然而这意志所要的，这理智所思的，却正是那不需要任何意志去要、不需要任何理智去思的东西，而是只要机械的、物理的、化学的、植物的、动物的力量和动力便足够实现的东西。

一三

子宫中胎儿的发育、心脏的运动、消化作用以及其他各种有机的功能，既然并不是理智和意志的作用，一般的自然也不是一个有精神、亦即有意志、有知识或有思想的实体的作用。如果自然本来是一个精神产物，因而是一个精神现象，那么，当前的这些自然作用也便是一些精神作用、一些精神现象。我们说了甲，便必须说乙；一个超自然的开始，必然要有一个超自然的继续。当那些在意志和理智操纵之下的作用超出了人的理智时[1]，当人仅根据自己、

① 指人不了解神的摆布。——译者

根据人的理由去解释一切时，当人根本不了解、不知道自然的原因时，当人因此而把特殊的当前的自然现象归之于神时，或者，如像对付自己所不明白的星辰运行那样，归之于次级的神灵时[①]，人就把意志和理智当作自然的原因了。但是如果现在支持地球和星辰的并不是上帝的全能的圣言[②]，使它们的运行的动力并不是神灵或天使，而是一个机械的动力，那么，这种运行的原因亦即最初的原因也必然是一种机械的或一般地自然的原因。从意志和理智里面推出自然，总之，从精神里面推出自然，意思等于算账不找掌柜，等于处女不与男子交媾但借圣灵而生出救世主，等于从水里做出酒，等于用语言呼风唤雨，用语言移山倒海，用语言使瞎子复明[③]。把那些次级的、作为解释自然现象的根据的迷信原因——奇迹、魔鬼、精灵等扔开，却听任一切迷信的最初的原因原封不动地保留着，这是何等懦弱的事，何等愚昧的事！

一四

有不少教会神父主张上帝的儿子并非上帝意志的结果，而上帝本质、上帝本性的结果，认为自然产物先于意志产物，所以作为一种本质活动或自然活动的生殖活动，先于作为一种意志活动的创造活动，因此，自然的真理虽则与超自然的上帝的本质和意志有

---

① 次级的神灵指上帝的下属诸神，如日神、月神等。希腊人将每一个星座都看作一个神灵。——译者

② Wort，本意就是“语言”。——译者

③ 以上都是“新约”里关于耶稣基督的记载。——译者

着绝大的矛盾，它的势力却在超自然的上帝里面起过作用。意志活动以生殖活动为前提，自然的活动先于意识的活动、意志的活动。这是完全正确的。首先必须有自然，然后才有与自然不同的东西，然后这不同于自然的东西才把自然摆在面前作为自己意欲和思想的对象。从无理智进到理智，乃是到人生哲学的途径，而从理智进到无理智，则是到神学疯人院去的直路。不把精神放在自然之上，却倒过来把自然放在精神之上，也就是说，不把头脑放在下身之上，放在肚子之上，而把肚子放在头脑之上。较高的要以较低的为前提，较低的并不以较高的为前提，①理由很简单，因为它必须要有个东西**在它下面**，才能站得更高些。一个东西越是高高在上，它所假定的东西也就越多。正因为如此，最高的东西并不是那最初的东西，而是那最晚、最后、依赖性最大、需要最多、最复杂的东西，正如在地球形成史中，最重、最重要的石头并不是那些最早的岩石——板岩和花岗岩，而是那些最晚、最近的产物——玄武岩和密致的火山岩。一样东西有了没有任何前提的光荣，也就有了什么都不是的光荣。然而基督教徒们当然懂得无中生有的艺术。

一五

基督教徒依照着他们虔诚的信仰，说万物都由上帝而来，都依靠上帝，**但是**他们又立即依照着他们不敬神的理智，加上一句说——**只是间接地**——：上帝只是**最初的**原因，可是这样一来，便

① 逻辑上是如此，但就它的实际发生程序说，决不如此。

引来了无数个低级神灵，引来了一大堆中间原因。不过所谓中间原因乃是唯一实在的、起作用的原因，是唯一客观的、感觉得到的原因。一个上帝，若是不再用阿波罗[1]的金箭将人击倒在地，不再用尤比德[2]的雷电震撼人的心情，不再用彗星和其他火焰现象给不悔悟的罪人们烤热地狱，不再用至高无上的“最独特的”手将铁引到磁石上，掀起潮汐，保护陆地，不使它为海洋的放纵的、永远以卷起一个新洪水相威胁的力量所侵，总之，一个上帝若是被摒于中间原因的领域之外，便只是一个空有其名的原因，一个没有什么可怕的极度无为的思想物——一个用来解决理论上的困难、用来说明自然或有机生命的最初起源的纯粹假设了。因为假设一个异于自然的实体来解释自然的存在，至少到最后所根据的只不过是我们不能从自然出发去解释——但是这只是相对的主观的不能解释——有机的生命，特别是人的生命，有神论者不能根据自然来解释生命，就将自己的这种“不能”说成自然之不能从自身产生出生命，因此把自己的理智的界限当作自然的界限。

一六

创造与保持是分不开的。所以如果有一个异于自然的实体，如果有一位我们的创造主上帝，这位上帝也就是我们的保持者，因此那保持我们的并不是空气、温度、水、面包的力量，而是上帝的力

① Apollo，是希腊人的太阳神。——译者

② Jupiter，是罗马人的主神。——译者

量。“我们是在他[1]里面活着、动着、存在着。”路德说：“营养身体的，当然不是面包，而也是上帝的‘道’，因为‘道’创造万物，并且保持万物——‘蔼布拉德篇’第一节”；“因为有面包存在，所以他(上帝)拿面包并且借面包来养人，这样人就看不见‘道’而以为面包在养人。可是如果在没有面包的时候，他就不用面包只用‘道’来养人，和他借面包来养人一样。”“一切事物，都是上帝的面具，都是上帝的化装，他要让这些面具和化装和他一起工作，帮助他创造万事万物，不过这种工作，即使没有它们的合作，他仍然能做，而且在做。”如果我们的保持者不是自然，而是上帝，那么自然便仅仅是上帝的一个遮眼戏，因此便是一个多余的幻象；反过来也是一样，如果是自然在保持着我们，上帝便是个多余的幻象。可是很明显而无可否认的是：我们将保持我们的功绩只归之于自然物的特有效果、特性和力量；因此我们不仅有权利而且不得不作出以下的结论，即我们的产生也只是由于自然。我们置身于自然之中，我们的起源、我们的来源难道应该在自然之外吗？我们生活在自然之中，与自然一块儿生活，靠自然而生活，难道还不应该出于自然？这是何等的矛盾！

一七

地球并不是一直就像现在这个样子的，它只是经过一连串的发展和变革而后才达到现在这个状况。地质学已经考查出来，在

① 指上帝。——译者

这些不同的发展阶段里，还曾经存在过许多现在或早已不复存在的各种动植物[①]。现在已经不再有三叶虫（Trilobiten）、石莲（Fnkriniten）、鹦鹉螺（Ammoniten）、翼手龙（Pterodaktylen）、鱼龙（Ichthyosaurien）、蛇颈龙（Plesiosaurien）、大树懒兽（Megatherien）、猛齿象（Dinotherien）等生物了，这又是什么缘故呢？显然是因为它们的存在条件已经不复存在。如果一个生命的终结与它的条件的终结连在一起，那么一个生命的开始、发生也是与它的条件的发生连在一起的。即使在现在这个时候，动植物——至少是高级的——只是借有机生殖而发生的时候，我们到处看到，只要一旦有了它们的生命条件，它们便立即以极度惹人注意而使人无法了解的方式大量繁殖出来。因此，我们当然不可以把有机生命的发生想成一个孤立的作用，想成一个生命条件发生之后的作用，而要把它想成这样一个作用、一个时刻：当此之际，一般的温度、空气、水分、土地取得了这样一些特性，氧、氢、碳、氮等作为有机生命之存在条件的元素参加了这样一些组合；此外，还要把它想成此等元素同时结合起来组成有机体的那个时刻。因此，如果地球凭着自身的本性，在时间的历程中逐渐发展，逐渐发育，因而取得一种与人的存在相容的、与人的本质适合的、可以说就是人的品性，那么它也就能由它自身的力量而产生出人来了。

---

① 此外，如果认为有机生命是按着一套刻板的步骤发展，在一定的时期中只有腹足动物、甲介动物以及其他更低级的动物存在，只有鱼类，只有两栖类存在：对于这种看法，我是不能满意的。这种看法简直是一直推回到砂岩纪去，假定已经证实了石炭纪中已有陆生哺乳动物的骨和齿发现的话。

一八

自然的能力并不像上帝的全能那样，就是说，并不像人类想象力的能力那样，并不是漫无限制的；它并不能随时随地为所欲为；它的产生作用和活动是附着在条件上面的。因此，如果现在自然不再能够以原始的产生作用产生有机体，或者不再如此产生，我们并不能就推论到它过去也不能产生有机体。地球的性质现在是个稳定的性质；剧烈变化的时代已经过去了；它已经静止下来了。那些火山是仅存的个别的不安点，对于全面并无影响，所以并不扰乱既成的秩序。即使是人类记忆中规模最大的火山事件——墨西哥霍如罗(Jorullo)火山的爆发——，也只不过是个局部的扰动。然而，正如人只有在非常的时候，才能发挥非常的能力，只有在极度兴奋和激动的时候，才能做出别的时候绝对做不到的事情，正如植物只有在某些时候，只有在萌芽、开花和结果的时候，才产生热量，才燃烧碳和氢，才发挥一种与它平常的植物性能正好相反的机能，发挥一种**动物的**机能(杜马[1]说:“变成动物”)；地球也只有在它的地质剧变的时代，只有在它的一切质和能都在极度激荡、沸腾、紧张的时候，才展开它的动物性的生产能力。我们既然只认识自然的现状，我们又怎样能够推论到凡是现在不发生于自然中的事物，在任何别的时候、在任何别的条件和关系之下也一般

[1] Dumas，是与费尔巴哈同时的一个著名的法国化学家。——译者

地不能发生呢[①]？

一九

基督教徒们对于异教徒把发生出来的事物当作神灵崇拜这一件事，决不可以感到十分惊奇，反倒很应该因此佩服异教徒，因为这种崇拜有一个完全正确的自然观作基础。发生的意思就是个体化；个体事物是发生出来的，反之，普遍的、无个性的自然元素或基质不是发生出来的，物质不是发生出来的。然而个体化了的事物就质上说是比无个性的东西更高、更具神性的东西。生，的确是羞耻的；死，的确是痛苦的；但是一个人若不愿生与死，便是放弃做一个生物。永恒排斥生命，生命排斥永恒。个体事物虽然以另一个产生它的东西为前提，然而那个产生者并不因此位于被产生者之上，却位于被产生者之下。产生事物的那个东西诚然是存在的原因，并且就这点说，是最根本的东西，但同时又只是另一个事物的存在的工具、材料和基础，就这点说，乃是一个从属的东西。婴儿以母亲的体质为营养，吸取母亲的血肉和气力来滋养他自己，拿母亲的血液来红润他的面颊。而婴儿乃是母亲的骄傲，她把他放在

① 显然，我是并不想用这几句简单的话来解决有机生命的起源这个大问题的；不过这几句话已经足够表达我的主旨了；因为我在这里只是间接地证明除了自然以外，生命不能有别的来源。至于直接的自然科学的证明，我们诚然远没有达到目标，不过比起过去来，特别是由于那最近所证明的无机现象与有机现象的同一，我们已进展到足够的程度了，至少已进展到足够使我们能够信服生命起源于自然了，尽管这种起源的方式我们还不知道，甚至会继续不知道下去。

自己之上，把自己的存在、自己存在的幸福放在婴儿的幸福之下；即使是母兽，也是把自己的生命牺牲给它的幼兽的生命的。一个生物的最大的耻辱是死，然而死的根由是生殖。所谓生殖就是牺牲自己，就是抑己从众，就是舍己于众，就是将自己的个性和特质牺牲给另一个生物。世界上最矛盾、最颠倒、最荒唐的事，莫过于让自然物由一个最高最完满的精神实体产生出来。依照这个程序顺推下去，创造物既然是创造者的摹本，人类的婴儿也就不是从卑下深藏的器官子宫里生出来，而是从那最高的有机体脑袋里生出来的了。

二〇

古代的希腊人认为一切井、泉、河、湖、海等都源自奥克安诺斯[①]，源自大瀛海，古代的波斯人认为地上的一切山脉都是生自阿尔波地山（Albordy）。认为万物都源自一个完满的实体，这个思想是否有较高明的意义，其方式是否与上述二事不同呢？并不！这个思想和以上两种思想是完全基于同一思想方式的。正如阿尔波地山是一座和由它生出来的群山等类的山，那一切派生物的本源——神——也是和派生物等类的东西，从种类上说，与那些派生物并无分别；正如阿尔波地山之所以特出于一切其他诸山之上，乃是因为它具有一切诸山的特性而表现得最杰出，也就是说，这座山被想象提到极高的程度，直冲到天上，比日月星辰还高，同样情形，神圣的原始实体之所以不同于其他一切事物，也是由于它具有万

① Okeanos，是希腊神话里的大海神，即大海的人格化。——译者

物的特性，而它的这些特性却高出一切，无边无限。许多不同的水的源头并不是一个原始的水，许多不同的山的来源并不是一个原始的山，许多不同的事物的本源并不是一个根本的事物。“一”(Einheit)是不能够产生出东西来的，只有二重、对立、不同才能产生出事物。产生群山的东西，并不只是一个与群山不同的东西，而是一个本身种类极其复杂的东西，同样情形，那产生水的东西也不只是一些与水本身不同的质料，而是一些彼此不同甚至相反的质料。精神、机智、聪明、判断，只是在对立之中、只是在冲突之中发展和产生出来的，所以生命也只有在许多不同的甚至相反的质料、力量和事物的互相冲突中产生出来。

二一

“上帝既然创造了耳朵，怎样会听不见呢？上帝既然创造了眼睛，怎样会看不见呢”这个圣经上的或有神论的能听能看的东西出自能听能看的东西的说法，用我们现代的哲学术语表示出来，便是：精神的、主观的东西是从一个本身也是精神的、主观的东西派生的；这种说法，和圣经中把雨解释成出自天上云层上面或里面积聚的水，和波斯人说群山都出自阿尔波地祖山，和希腊人说井泉河川都出自奥克安诺斯是站在同一个基础上，表示着同一件事情。水从水出，不过是出于一个无穷大的、无所不包的水；山从山来，不过是来自一个无限的、无所不包的山；所以精神来自精神，生命来自生命，眼睛来自眼睛，不过是来自一个无限的、无所不包的眼睛、生命和精神。

二二

人们问孩子们这个问题：小孩是从那里来的？我们常常听到的“解答”是：小孩是奶妈从一个源泉里接来的，他们在那里像鱼一样游来游去。神学中对于有机物或一般自然的起源所给予我们的解释，和这种解释并没有两样。上帝是幻想中的深而且美的源泉，一切实在、完满、能力都包含在其中，所以万物都是已经完成了的东西，像小鱼似的在里面游来游去；神学便是奶妈，他从这个源泉中接出万物，但是那个主角，自然，那个怀胎十月带着痛苦把小孩生下来的母亲，却被这个原来很天真而现在很幼稚的解释完全撇开了。当然这个解释比起自然的解释来，较为美丽、动人、平易、易解，在上帝的儿女们看来，较为明白清楚；自然的解释，只是一步一步，通过无数障碍，从黑暗逐渐挤上光明的。我们的虔诚的神父们借着作法者、巫师、巫婆而对降雹、畜瘟、旱灾、雷雨所作的解释，也远比以此等现象为出于自然原因的解释“有诗意”、平易，并且即使在今日，对于未受教育的人们也还较为明白。

二三

“生命的来源是无法解释和不可思议的”；即或如此，这种不可思议也不能证明你接受那些被神学从人类知识的漏洞中抽引出来的迷信的推论是对的，也不能证明你越出自然原因的范围是对的，因为你只能说：我不能从这些我所知道的自然现象和原因，或者从我直到现在所知道的这些自然现象和原因来解释生命，不能说：生命根本不能根据自然来解释，除非你自命已经将自然之海洋中的最后一滴水汲尽。这种不可思议，也不能证明你假定一些虚构的东西来解释那个无法解释的东西是对的，也不能证明你援引一个什么都解释不了的解释来自欺欺人是对的，也不能证明你把你对于那些自然的、物质的原因的无知化为这些原因的无有是对的，也不能证明你有理由把你的无知神圣化、人格化、对象化成为一个可以消除这种无知的东西；这东西所表示的不是别的，只不过是你的无知的本性，只不过是缺乏积极的、物质的理由来解释而已。因为你用来解释你的生命的那个非物质、无形体、非自然、非现世的实体，除了正好用来准确表示那些物质的、有形的、自然的、世间的原因在理智上不存在以外，又表示什么东西呢？可是你并不如此老实而谦虚地说：我不知道原因，我不能够解释，我缺乏资料、缺乏材料，而竟因为你不知道物质原因、不知道自然原因，却将你脑子中的这种缺乏、这种否定、这种空虚凭着幻想转化为积极的东西，转化为一些非物质的、亦即不是物质不是自然的东西。此外，无知倒是自安于非物质、无形体、非自然的东西，凭着它那个分不开的伙伴——那个老是与其高无比、高不可攀的东西打交道的放荡不羁的幻想，马上把无知所创造的这些可怜的东西高高捧成了超自然、超物质的东西。

二四

有一种看法，认为自然本身、一般的世界、宇宙有一个实际的开始，因而认为有一个时候，自然、世界、宇宙并不存在。这是一种偏颇的看法，只有当一个人对世界有一种偏颇狭隘的看法时，才觉得这是对的。认为有一个时候任何实在事物都没有，这其实是一种荒唐无稽的想象，因为一切实在事物的总和就是世界或自然。一切使上帝成为一个客观实在实体的上帝的品性，本身不过是一些由自然中抽引出来的、以自然为前提的、表现自然的性质——因此如果自然消失，这些性质自身也要消失。当然，如果你抽去自然，如果你在思想中或想象中取消了自然的存在，亦即闭上双眼，把你心目中一切自然对象的确立的、感觉的影像都抹去，并不用感觉（照哲学家们说，就是不"具体地"〔inconcreto〕）去表象自然，你仍旧还有个东西剩下，仍旧还有个无限、力量、统一、必然、永恒之类的特性的总和剩下；但是这个抽去一切可感的特性和现象而剩下的东西正好不是别的，就是思想中的自然的抽象体或'抽象的'自然（Natur in abstracto）。因此，就这一点说，你从上帝中抽引出自然或世界，只不过是将可感的、实在的自然物从它的抽象的、思想的、仅仅存在于表象中、思想中的自然物里引将出来罢了——这一个抽引作用，在你看来似乎很合理，那是因为你在思想中一直认定抽象的、普遍的东西是切近思想的东西，因而把在思想上较高较先的东西当作个别、实在、具体事物的前提，虽然实际上正好相反，自然先于上帝，亦即具体的先于抽象的，所感的先于所思的。实际上，一切都只按照自然程序发生，原本先于摹本，实物先于影像，对象先于思想；然而在超自然的奇迹的神学领域中，则是摹本先于原本，影像先于实物。圣奥古斯丁[①]说："如果世界不存在我们便不

① Augustinus，四世纪末基督教神学的建立者。——译者

能认识世界，但是如果上帝不认识世界世界便不能存在；这是一件很奇异的事，不过确乎是真实的。”这句话的意思等于说：世界先被认识、被思想，然后才是实在的；世界之所以存在，只是因为它被思想，存在是认识或思想的一个后果，原本是摹本的一个后果，实物是影像的一个后果。

二五

如果我们把世界或自然化成一些抽象的性质，如果我们把世界弄成一个形而上的东西，弄成一个单纯的思想物，而将这个抽象的世界认作实在的世界，那么，在逻辑上必然要把世界想成有限的。世界之呈现于我们并不是通过思想，至少不是通过形而上或超自然的（hyperphysisch）、从实际世界抽象出来的、将其真正最高的本质置于这个抽象作用之中的思想；世界是通过生活、通过直觉、通过感觉而呈现于我们的。对于一个抽象的、仅仅有思想的实体，光是不存在的，因为它并没有眼睛，也没有一点温暖，因为它并没有感觉，对于它，根本就没有什么世界，因为它并没有器官来感受世界，真正说来，对于它，什么东西都不存在。因此，世界之呈现于我们，只是由于我们不是逻辑的或形而上的实体，而是异于而且多于逻辑学家和形而上学家的实体。但是这个“增”（plus），在形而上学思想家看来，却正好是一个“减”（minus），这个思想的否定正好是个绝对的否定。自然对于他只不过是个反面的东西，只不过是个“精神的另一面”。他把这种仅属消极的、抽象的性质弄成了自然的积极性质，弄成了自然的本质。因此，把这个“物”也可以说是“非物”(Unding)想成一个积极的本质,便引起了一个矛盾:它只是思想的否定,是一个被思想的东西,但是就其本性而言,却是一个可感觉的、与思想和精神相反的东西。思想物[①]对于思想者是真实的事物;因此很显然,一个不是思想物的东西,也就不是一个真实、永恒、原本的事物[②]。对于精神说,只思想它自己的另一面[③],仍然是一个矛盾;精神只有当它仅仅思想它自身时(思辨的立场),或至少(有神论的立场)在它思想一个东西时,才自相和谐,才在它自己的“所是”中,而它思想的那个东西所表示的不是别的,只是个思想中的东西,只通过思想而呈现,因此本身只是一个思想物,至少是一个被动的思想物。这样一来,自然便化为乌有了。但是,自然依然存在,尽管它并不能存在,也不应当存在。那么形而上学家怎样去解释自然的存在呢?用一种好像出于自愿的精神的自我外化、自我否定、自我背弃来解释[④],不过实际上这是与精神的内在本质相矛盾的,是很勉强的解释。然而,如果自然在抽象思想的立场上化为乌有,反过来在实在世界观的立场上这个创造世界的精神也就化为乌有。在这个立场上,凡是由上帝推出世界、由精神推出自然、由形而上学推出物理学、由抽象事物推出实际事物等一切演绎,都被证明为只不过是逻辑的游戏。

---

① Denkwesen,按即思想中的东西,不是外界存在的东西。——译者

② 意即:照唯心论的说法,只有思想物是真实的,因为非思想物在思想者看来,由于没有经过思想的权衡,所以没有把握说它真实。——译者

③ 指自然。——译者

④ 按指黑格尔的学说。——译者

二六

自然是宗教的最初基本对象，不过即使当它是宗教崇拜的直接对象时，例如在各种自然宗教里面，它并不是被看成**作为自然**的对象，亦即并不是我们站在有神论或哲学和自然科学立场上看它时那个意义下的对象。自然在人眼中本来是——就是用宗教眼光去看它的时候——一个**像人自己那样**的对象，是被当成一个有人格的、活生生的、有感觉的东西。人本来并不把自己与自然分开，因此也不把自然与自己分开；所以他把一个自然对象在他自己身上所激起的那些感觉，直接看成了对象本身的一些性态。那些有益的、好的感觉和情绪，由自然的好的、有益的东西引起；那些坏的、有害的感觉、像冷、热、饿、痛、病等，由一个恶的东西或者至少由坏心、恶意、愤怒等状态下的自然引起。因此人们不由自主地、不知不觉地——亦即必然地，虽然这必然只是个相对的、有历史条件的必然——将自然本质弄成了一个**心情的本质**，弄成了一个**主观的**、亦即**人的**本质。无怪乎人也就直率地、故意地把自然弄成一个宗教的、祈祷的对象，亦即弄成一个可以凭人的心情、人的祈请和侍奉而决定的对象了。人使自然同化于他的心情，使自然从属于他的情欲，这样，他当然就把自然弄得顺从他、服从他了；未开化的自然人还不但教自然有人的动机、性癖和情欲，甚至把自然物体看作真正的人。所以奥勒诺科(Orenoko)地方的印第安人把日月星辰都当作人——他们说："这些天上的东西，都是像我们这样的人"——，巴达哥尼亚人(Patagonier)把群星都看作"过去的印第安人”，格陵兰人把日月星辰当作“他们的那些因为一个特殊机会而升到天上的祖先们”。所以古代的墨西哥人也相信他们奉之为神的太阳和月亮有一个时期曾经是人。瞧吧！这样，甚至是最粗陋最低级的宗教也证实了我在《基督教的本质》中所说的那句话：人在宗教中只是和他自身发生关系，他的上帝只是他自己的本质，在最粗陋、最低级的宗教里，人崇拜那些离人最远、最不像人的物体、星辰、石头、树木，甚至蟹螯、蜗牛壳，他所以崇拜这些东西，只是因为他已经把自己放在这些东西里面，把这些东西想成像他自己那样的东西，或至少把它们想成充满了像他自己那样的东西。因此宗教表现出一个值得注意的、可是很可了解的、而且还是必然的矛盾，即当它站在有神论或人本学的立场上时，便把人的本质当作神的本质来崇拜，因为人的本质在它看来是个与人不同的本质，是个非人的本质，而反过来当它站在自然主义的立场上时，却又把非人的本质当作神的本质来崇拜，因为非人的本质在它看来是一个人的本质。

二七

自然之有变化，尤其是那些最能激起人的依赖感的现象之有变化，乃是人之所以觉得自然是一个有人性的、有主意的实体而虔诚地加以崇拜的主要原因。如果太阳老是待在天顶，它是不会在人心中燃起宗教热情的火焰。只有当太阳从人眼中消失，把黑夜的恐怖加到人的头上，然后又再在天上出现，人这才向它跪下，对于它的出乎意料的归来感到喜悦，为这喜悦所征服。所以佛罗里达(Florida)的古代阿巴拉支人[①]当太阳出山落山的时候，唱着颂歌向太阳致敬，同时祈请它准时回来，使他们享受它的光明。如果大地上一直有着果实，还有什么理由来举行播种节和收获节的庆典呢？大地上的果实之所以显得好像是些出于恩赐的、理当感谢的礼物，只是因为大地时而把它的宝库打开，时而又把它关闭。唯有自然的变化才使人变得不安定，变得谦卑，变得虔敬。明天的天气对我的营生是否有利，是说不定的，我是否收获得到我所种下的东西，是说不定的；所以对于自然的恩赐，我是不能像对于一宗贡赋或一件少不了的后果一样地信赖的。什么地方数学上的确定性宣告终结，什么地方神学便宣告开始——即使在今天，对于愚昧的人还是如此。宗教的看法，是把必然的规律——在特殊现象和偶然现象中的——看作一个有主意的、能赏赐的实体。另一方面，欧里披德[②]笔下的居克罗普[③]则抱与此相反的意见，亦即反宗教与无神的意见，他说："不管大地愿意不愿意，它必须长出草来喂养我的畜群。"

二八

对于自然的依赖感，配合着把自然看成一个任意作为的、人格的实体这一种想法，就是献祭的基础，就是自然宗教的那个基本行为的基础。我特别在对自然的需求之中感觉到对于自然的依赖。这个需求就是"我若没有自然，即不存在"的感觉和表示；但是与需

① Apalachiten，北美洲印第安人的一族。——译者

② Euripides 希腊悲剧诗人。——译者

③ Cyclop，是希腊神话中的独眼的牧羊巨人。——译者

求分不开的是享受，所谓享受就是一种与需求相反的感觉，感觉到我自身存在，感觉到我的不同于自然的独立性。因此，需求是畏神的、谦卑的、虔敬的，而享受则是傲慢的、忘神的、不敬的、放肆的。享受的这种放肆性，或者至少是不敬性，对于人是一种实践上的必需，是人的存在所依以为基础的必需，但是这种必需却又与人对自然所抱的那种理论上的尊敬直接矛盾，把自然当作一件人的意义之下的有生命的、为我的、有感觉的东西，把它看成一件和人一样毫不容忍、毫不迁就的东西。因此，占有自然或利用自然在人看来好像是一件犯法的事，好像霸占别人的财产一样，好像是一件犯罪的行为。因此人为了安慰自己的良心，为了安慰在他想象中蒙了损害的对象，为了告诉这个对象说，他之所以劫夺它，是出于不得已，并非出于骄横，于是裁减一下自己的享受，把他所窃盗来的财物送还一点给对象。所以希腊人相信当一棵树被砍倒时，树的灵魂——树神——是要悲痛的，是要哀诉司命之神对暴徒报复的。罗马人若不拿一口小猪献给树神作禳解，就不敢在自己的土地上砍倒一棵树木。奥斯佳克人[①]当杀死一头熊的时候，要把皮挂在树上，向它做出种种崇敬的姿势，表示他们杀死了它是万分抱歉的。“他们相信这样一来便客客气气地把这个动物的鬼魂所能加在他们身上的灾害免除了。”北美洲的一些部落，也用一些类似的仪式来禳解所杀动物的鬼魂。所以我们的祖先们如果必须要砍伐一棵赤杨，就把它当作一棵圣树，往往先向它祷告道：“赤杨娘娘，请把你的木材赐给我一些吧！我也愿意把我的献给你一些，当它在林子里生长出来的时候。”菲律宾人要走过平原和山岳的时

---

① Ostiaker，西伯利亚土著的一族。——译者

候，要祈请这平原和山岳许可，并且把砍倒任何一棵古树认为罪行。婆罗门教徒不敢轻易喝水，不敢轻易用脚踏土，因为这一喝、这一踏，是会给那些有感觉的东西、那些植物和动物痛苦的，是会弄死它们的，所以一定要作一番忏悔，“来禳解他白天或夜晚无意之中杀伤的生灵的死亡”。[①]

二九

宗教的整个本质表现并集中在献祭之中。献祭的根源便是依赖感——恐惧、怀疑、对后果的无把握、未来的不可知、对于所犯罪行的良心上的咎责，而献祭的结果、目的则是自我感——自信、满意、对后果的有把握、自由和幸福。去献祭时，是自然的奴仆，但是献祭归来时，是自然的主人。因此，对自然的依赖感诚然是宗教的根源，但是这种依赖性的消灭，从自然手中获得解放，则是宗教的目的。换句话说，自然的神性诚然是宗教的、并且是一切宗教以及基督教的基础，但是人的神性则是宗教的最终目的。

三〇

宗教的前提，是意志与能力之间、愿望与获得之间、目的与结果之间、想象与实际之间、思与是之间的对立或矛盾。在意志、愿

---

① 在古代的宗教中，人必须对自然奉行许多仪节，以免亵渎、伤害自然，这些仪节也都是属于这一类的。譬如崇奉奥尔玛兹德（Ormuzd，波斯拜火教大神。——译者）的人就不能赤足踏地，因为地是神圣的；希腊人也不能不洗手而渡河。

望、想象中，人是一个不受限制的、自由的、无所不能的东西——上帝；但是在能力、获得和实际中，则是一个有条件的、有所依的、有限制的东西——人，是一个在有限制的、与上帝相反的实体这意义之下的人。“谋事在人，成事在天。”“人谋划，而宙斯以另一个方式来完成。”思想、愿望是我的；但我所思所欲的却不是我的，而是在我以外，不依靠我的。破除这个矛盾或对立，乃是宗教的意图和目的；而矛盾赖以破除，那个就我的愿望和想象说是可能的而就我的能力说却非我所能的东西赖以变为可能、甚至变为现实的实体，正是神性的实体。

三一

那个独立于人的意志和认识的东西，乃是宗教的原始的、本来的、特具的依托——上帝之为实本体。使徒保罗说：“我播下了种子，栽下了秧苗，阿波罗灌溉了雨水，而上帝赐予滋长。所以那赐予滋长者既不是栽种者，也不是灌溉者，而是上帝。”路德说：“我们应当……赞颂上帝，感谢上帝，感谢他使五谷生长，同时应当知道，我们从五谷葡萄和百果得到饮食和一切必需品，而使五谷葡萄百果生长的，并不是我们的工作，而是上帝的赐福和赏赉。”赫修德[①]说，如果宙斯恩赐一个好结果，辛勤的农夫才会得到丰收。耕耘、播种和灌溉是属于我的事情，但是滋长却与我无关。滋长是掌握在上帝手里的；所以常言道：“全靠上帝保佑。”可是上

① Hesiod，神谱的作者。——译者

帝究竟是什么呢？根本说来，不是别的，就是自然或自然之为本体，不过是当作一个祈祷的对象，当作一个有求必应、因而具有意志的本体。宙斯是气象学上各种自然现象的原因或本体；但是宙斯的神圣品性、宗教品性尚不在此；不信宗教的人也相信有一个雷雨霜雪的原因。宙斯之所以为神，只在于他是气象学上各种自然现象的主宰，只在于这些自然运行系于他的定夺，是一些有意志的行为。所以那个独立于人的意志的东西，使宗教在对象方面（客观方面）依赖上帝的意志；在人的方面（主观方面）则依赖祈祷，因为依赖意志的是祈祷的对象，是一种可以改变、可以祈求的东西。“即使诸神也是可以驾驭的。一个凡人可以用焚香、卑辞许愿、奠酒、供香料等手段来左右诸神。”

三二

至少当人们已经脱离了真正的拜物教的阶段，不再漫无限制地胡乱选择对象、不再手足无措地随便崇拜的时候，宗教的对象仅仅是或者主要是人的目的和需求的对象。对于人最必要的那些自然物，正因为如此而享受了最普遍、最殊异的宗教崇拜。而一个人的需求和目的的对象，也正因为如此是一个人的愿望[①]的对象。我的秧苗若要滋长，雨水和阳光对于我是必要的。因此久旱之下，我便希求雨水，久雨之下，我便希求阳光。祝祷是一种企求，满足这个企求是不在我能力范围以内的——即使不是一成不变，永远

① Wünsch 有“愿望”和“祝祷”的意义。——译者

如此，但是在这一瞬间、在这种环境之下、在这些情况之下是如此；即使不是绝对如此，但是人站在宗教立场上祝祷时是如此——祝祷是一种意愿，不过没有实现的能力。可是我的身体、我的力量所办不到的，正是愿望本身所办得到的。凡是我们所要求所希冀的，我便用我的祝祷来祝咒来鼓动。[①] 在热情中——宗教只生根于热情、于感情之中——人把自己的本质推放到自身以外，把没有生命的东西当作有生命的东西看待，把没有意志的东西当作有意志的东西看待，用自己的叹息使对象成为有生命的东西，因为在热情中，要和一个无感情的东西打交道是不可能的。感情并不遵循理智指示给它的轨道；它使人热情奔放，不可抑制；它使人觉得胸腔太狭窄了；它必须把自己扩展到外界去，因此把无情感的自然事物变成有同感的事物。被人的情感祝咒过的、与情感息息相通、符合一致、趋于同化、因而本身充溢情感的自然，就是成为宗教的对象的自然，就是成为神性的实体的自然。祝祷是宗教的根源，是宗教的本质自身——诸神的本质并不是别的，就是祝祷的本质。[②] 诸神是超人的、超自然的实体；但是祝祷岂不

① Wünschen（希冀或愿望）在古德语中解作 zaubern（祝咒）。

② 诸神是赐福的本体。天福是一种行为的后果、结果、目的，是独立于我而为我所祈求的。路德说："祝福的真正的意义是祈求和顺。""当我们祝福时，我们不做别的事，只是祈求和顺，但是我们不能使我们所祈求的事实现，上帝的赐福却趋于增长，并且是立刻有力量的。"意思就是说：人是祈求者，神是满足祈求者。所以即使在日常生活中，那无数次出现的字："上帝"，也无非是一个愿望的表示。"天其赐汝麟儿"的意思就是说，"我愿你得子"；只不过这句话中的愿望是主观地、非宗教地、裴拉基式地表示出来的，前一句话中的愿望是客观地、因此是宗教地、奥古斯丁式地表示出来的（Pelagius 裴拉基，是四世纪末的不列颠神学家，反对原罪，主张自然，认为人力可以致福，与正统派神学家奥古斯丁相反。——译者）。

也是超人超自然的事情吗？譬如说，当我进行祝祷、要做一个解脱凡躯桎梏的东西的时候，在我的希冀和我的幻想之中我是否还是一个人呢？不是的！一个人若没有希冀，也就没有神灵。希腊人为什么要这样强调诸神的不朽和有福呢？因为他们自己不愿意死，不愿意无福。什么地方你听不见人悲歌人生的无常和苦恼，什么地方你也就听不见人歌颂不死的和幸福的天神。人心中的泪水，只有在幻想的天界里蒸发消散而化为神灵的云雾。荷马从奥克安诺斯的宇宙洪流中引出了诸神，可是这个充满诸神的洪流实际上只是人类情感的流溢而已。

三三

宗教中的那些反宗教现象，最通俗地揭露了宗教的起源和本质。有一种反宗教的、甚至因此已被虔诚的异教徒严加指摘的宗教现象，便是人们通常只有在不幸中才投靠宗教，才求助于上帝，才想起上帝；然而正是这个现象把我们带到了宗教本身的根源。在不幸中、在灾难中，不管这灾难是自己的还是别人的，人都有这种痛苦的经验，便是感觉到不能如愿，感觉到束手无策，然而运动神经的麻痹并不就是感觉神经的麻痹，我的体力的桎梏并不就是我的意志、我的心情的桎梏。正好相反：我的两手束缚得越紧，我的愿望越无拘束，我追求拯救的渴望越强烈，我追求自由的冲动越炽盛，我企求不受约束的意志也越坚强。人心或意志的那种被困苦的威力提高到极度、激发到极度的超人的力量，就是神的力量，神是没有任何困苦、任何约束的。诸神能够做到人所企望的事，也就是说,诸神执行了人心的法则。在人仅为心者,在神即为身;人们只能在意志中、在幻想中、在心中、亦即只能在精神方面办到的事,例如在刹那之间置身千里以外之类,就是诸神在身体方面所能做的事。诸神乃是充实了的、肉体化了的、现实化了的人愿——乃是人心或意志的已经破除的自然限制,乃是不受限制的意志的实体,乃是体力与意志力相同的实体。宗教的这种超自然力量的反宗教现象是未开化民族的巫术;在这巫术中,人的单纯意志显然就是支配自然的上帝。以色列人的上帝,在约书亚的请求之下令太阳停在空中,在蔼利亚的请求之下让雨水落下[①],基督教徒的上帝为了证明他的神性,亦即证明他的权力可以满足人类的一切愿望,仅仅用他的圣言使狂暴的海洋平静,使病者痊愈,使死者复生[②],这种情节,正和在巫术中单纯的意志、单纯的愿望、单纯的语言表现为统治宇宙的力量一样。其分别只在于巫师以反宗教的方式实现宗教的目的,而犹太人、基督教徒则以宗教的方式实现宗教的目的,因为被后者推在上帝身上的东西,前者把它放在自己的身上,被后者当作一个平和、柔顺的意志的对象、当作一个虔诚的愿望的对象的东西,前者把它当作一个坚决的意志的对象、当作一个命令的对象,总之,凡后者借着上帝、和上帝同做的事,前者是单凭自己独立地做。常言道:quod quis per alium fecit, ipse fecisse putatur,意思就是说,一个人凭借着别人所做的事,就算是他自己所能做的事,这句话在这里也可以应用一下:一个人凭借着上帝所做的事,实际上就是他自己所做的事。

---

① 以上二则见《旧约》,Josua 和 Elias 都是以色列的先知。——译者

② 以上见《新约》中的《四福音书》。——译者

三四

宗教——至少从根源上说、从本质上说——并没有什么别的任务和目的，只是要把一个不通俗的、不神秘的自然实体转化成一个熟知的、神秘的实体，为了便利人的那些目的而把那本身坚强顽固的自然放在心的热焰中软化，因此和教育或文化抱同一个目的，教育或文化的目的也正好不是别的，只是要在理论方面把自然弄成一个可以了解的东西，在实践方面把自然弄成一个如人意的、适合人的需要的东西，所不同的只是文化用手段来达到目的，并且用的是窃自自然本身的手段，宗教则不用手段，或者用祈祷、虔信、圣礼、巫术等超自然的手段，这其实是一回事。因此，在人类文化的进程中，凡是变成了教育、自发活动、人本学的事情，起初都是宗教或神学的事情，譬如法理学（日耳曼人的神判、棺判、神托判）①、政治学（希腊人的神托）、药剂学等，在未开化的民族中至今是宗教的事情②。当然文化总落在宗教愿望之后，因为文化并不能扬弃人类的基于本质上的那些限制。因此，譬如说，文化很可以达到长寿术，但是永不会达到长生不死。长生不死终究是一个无限制的不可实现的宗教愿望。

---

① Ordalien，神判是把嫌疑犯带到神前，让他探汤握火，如果受伤就认为有罪；Bahrrecht，棺判是把嫌疑犯带到棺前，让他伸手摸一摸尸首，如果尸首流血，就判定这人是凶手；Rechtsorakel，神托判是向神祷告求示，用乩卜的方法决定罪人。——译者

② 因此在野蛮时代，对于野蛮民族，宗教正是人类的一种教化工具，但是在文明时代，宗教则代表着野蛮、远古，是教化的仇敌。

三五

在自然宗教中，人仰赖一个与真正的宗教的意志和感情恰恰相反的对象；因为他把他的情感奉献给一个本身无情感的东西，把他的理智奉献给一个本身无理智的东西；他把他要放在自己下面的东西放在自己之上；他服役于他所要统驭的东西，崇拜那实际上他所厌恶的东西，正好向他所要乞求来抗拒的那个东西求助。所以希腊人用泰坦[①]的名号向风献祭以平息它的狂暴；所以罗马人给寒热病建庙，好教它不为灾害；所以通古斯人[②]在瘟疫流行的时候虔敬地以隆重的礼拜来向瘟疫恳求，请求它离开他们的帐幕（据巴拉斯）[③]；所以几内亚的毗达人（Widaher）向波涛汹涌的海献祭，让它平静下来，不要妨碍他们捕鱼；所以印第安人当急风暴雨临近的时候要祈求空气的马尼托（精灵、神、实体），在渡河的时候要祈求河海的马尼托，好教他使一切危险离开他们；所以在一般情形下，许多民族都直率地并不崇拜那善良的自然实体，而崇拜那凶恶的、至少在他们看来是凶恶的自然实体。[④] 在自然宗教中，人向一尊塑像、一具尸体作爱的表白；因此人为了使自己的话能被听见而采用最无希望最狂妄的办法，是无足怪的；人为了使自然人化而做出野蛮无人性的事，为了使自然获得人的感觉而流血牺牲，是无足

---

① Titane，是古希腊神话中的巨神。——译者

② Tungusen，指蒙古、满族人。——译者

③ Pallas，1741—1811，德国博物学家。——译者

④ 崇拜猛兽亦属此类。

怪的。所以北日耳曼人公然相信："血祭可以使木质的偶像具有人的语言和感觉，同样亦可以使血祭坛中所崇奉的石头说话并有颁发神谕的能力。"但是这一切使自然灵化的企图都归无效：自然并不答复人的诉苦和问题；并且无情地将人挥开，听其自处。

三六

人有一些限制，而这些限制至少是人站在宗教立场上想象到、感觉到的限制，譬如说，人不能知道未来，不能长生，不能连续不断无忧无虑地幸福，不能有一个无重量的身体，不能像天神一样飞翔，不能像耶和华[①]一样发出雷霆，不能任意使形象变大或隐身不见，不能像天使一样毫无肉欲和冲动地生活。总之，不能随心所欲。这些限制只不过是对于想象或幻想的限制，实际上并不是限制，因为它们是必然地以本质为根据的、是建立在事物的本性上的；因此那不受这些限制约束的无限制的神性的实体，也只不过是一个想象中的、幻想中的实体，只是为幻想所统治的感觉或心情的实体。所以凡是宗教的对象，不管它是一个蜗牛壳也好，一块石卵也好，只要作为宗教的对象，便只是一个心情的实体、想象的实体、幻想的实体。我们说：人们并不是崇拜石头、动物、树木、河流本身，而只是崇拜它们里面的神灵，崇拜它们的马尼托，崇拜它们的精灵，根据便在此。然而这些自然物的精灵并不是别的，只是对于自然物的表象，只是自然物的影像，或者只是作为被表象物、作为想象物的自然物，与作为实在物、可感物的自然物不同，正如死人

① Jehovah，犹太教的上帝。——译者

的精灵并不是别的，只是记忆中尚未消失的对死人的表象和死人的影像——一些作为想象物的一度实际存在的东西，然而这些东西，在一个信教的，亦即无教养的、不分对象与对于对象的表象的人看来，乃是实在的、自存的东西。所以人在宗教中的那种虔诚而不由自主的自欺，在自然宗教中是一个清楚的、明显的真理，因为人在自然宗教中给他的宗教对象造了眼睛和耳朵，他明知这些东西是人造的、石头的或木头的眼睛和耳朵，然而仍旧相信这是真实的眼睛和耳朵。所以人在自然宗教中只是为了不看、为了一无所见而有眼睛，只是为了不想、为了一无所知而有心思。自然宗教乃是表象与实在之间、想象与真实之间的显著的矛盾。一个东西实际上是块石头或木头，在表象中便是一个活的东西，就看得见的说，并不是神，而是完全另外一个东西，但是就看不见的说，就信仰说，是一个神。因此自然宗教常有痛遭揭穿骗局的危险，因为只消举斧一挥，便可以使它信服：并没有血从它所崇拜的树木里流出来，所以树里面并没有住着活的神灵。宗教怎样躲避这些它在自然崇拜中所遭遇到的严重矛盾，怎样避免揭穿骗局呢？只有靠把它的对象本身弄成一个看不见的、根本感觉不到的对象，弄成一个东西，这东西只是一个信仰中、想象中、幻想中的对象，总之，只是一个精神中的对象，因而本身是一个精神性的东西。

三七

正如人由一个仅仅是物理的实体变成一个政治的实体，总之，变成一个异于自然而集中于自身的实体，人的上帝也由一个仅仅是物理的实体变成一个政治的、异于自然的实体。因此，人进到将自己从自然分开，因而进到一个异于自然的上帝，首先只是靠使自己和别人联合起来成为一个公社，在公社里面，那些异于自然力量的、仅在思想或想象中存在的力量，那些政治的、伦理的、抽象的力量，法律、舆论[①]、荣誉、道德的力量，对于他成了他的意识和依赖感的对象，人的物理上的存在成了他的人本的、公民的或伦理的存在的附属品；自然力量、支配生死的力量被贬抑为政治力量或伦理力量的一个附属品和工具。宙斯是雷电之神，但是他手里拿着这些可怖的武器，只是为了殛灭那些违背他的命令的罪犯、伪誓者和暴徒。宙斯是诸王之父，"诸王都生自宙斯"。所以宙斯以雷电来支持诸王的权力和尊严。[②] 摩奴[③]法典里说："君王和太阳一样，烧灼眼睛和人心，因此在地上没有人能向他看一眼。他是火和风，日和月，他是刑法的上帝。火只吞噬一个不小心走近了它的个人，但是一位君王的火，如果他发怒的话，是要把整个家族连同牲畜财产都烧掉的……他的意气里带着征伐，他的怒气里带着死亡。"同样情形，以色列人的上帝以雷电命令他的选民们走他曾经命令他们

---

① 赫修德的书中明显地说：即使是"人言(Pheme)"(名誉、名声、舆论)，也是一个神灵。

② 此外，开基创业的君王还须与依法继承的君王分开。依法继承的君王，除了若干特例以外，都是平常的、本身并无重要性的个人，但是开创基业的君王却都是非常的、杰出的、有历史性的个人。因此杰出人物的神化——尤其在其死后——，乃是从真正自然主义的宗教进到神话和人本学的宗教的最自然不过的过渡阶段，虽然它也可以与自然崇拜同时发生。此外，崇奉杰出人物也绝不只是神话时代的事情。瑞典人在基督教时代仍然还把他们的君王爱理希(Erich)奉为神明，在他死后给他献祭。

③ Manu，是印度古代的立法者。——译者

走的一切道路，“好使他们得以生活，使他们安适，使他们长久生活在地上。”这样，自然力量的本身以及人类对自然力量的依赖感，在政治或伦理的力量面前就宣告消失了！太阳的光芒照耀得自然的奴隶眩晕，使他像喀钦的鞑靼人（der katschinische Tartar）那样每天向它祈祷道：“不要杀死我。”君王的尊严的光芒则照耀得政治的奴隶眩晕，甚至匍匐在它面前，把它当作一个神圣的力量，因为它是握着生死之权的力量。罗马皇帝的称号，甚至在基督教徒中间还是：“天王”（Euere Gottheit），“万岁”（Euere Ewigkeit）。即在今日，基督教徒中尚有“圣上”（Heiligkeit）和“皇上”（Majestät）之称，这是神明的称号和特征，也是君王们的称号和特征。基督教徒们纵然辩护这种政治上的偶像崇拜，认为君王不过是上帝的地上代理人，上帝是万王之王，然而这种辩护只是自欺而已。姑且不论君王的力量是一个最易感到的、当下直接的、痛痒相关的、代表自身的力量，而万王之王的力量只是一个间接的、想象的力量——上帝之被确定、被看成世界的主宰、君王，总之，上帝之被看成政治上的实体，总归只是在君王占有、决定、统治着人，以致被认为至高无上者的时候。摩奴说：“梵天王（Brahma）在太初之始造了一个以纯净光明为身体的刑罚天使，供自己使用，作为自己的儿子，作为刑法的创立者，作为一切创造物的守护者。由于有对于刑罚的恐惧，这个宇宙才能安享它的幸福。”因此人自己使他的刑法的刑罚成为神圣的、宰制世界的力量，使刑事裁判所的法规成为宇宙的法规，使刑法典成为自然的法典。他让自然极度热烈地分担他的政治上的烦恼和热情，甚至于使世界的存在依赖于一个君王宝座或教皇宝座的存在，这是毫不足怪的。凡对于他有重要性的，对于一切其他的事物当然也有重要性；凡使他的眼光昏暗的，也使太阳的光芒昏暗；使他的心脏运动的，也使天地运动——他的本质对于他便是宇宙的本质、世界的本质、一切本质的本质。

三八

东方没有西方那样生动进步的历史，是什么缘故呢？因为在东方，人并不因人而忘记自然，并不因人眼的光芒而忘记星辰和宝石的光芒，并不因修辞学上的"雷电"而忘记气象学上的雷电，并不因日常事务的进行而忘记太阳和星辰的运行，并不因时尚的变迁而忘记季节的变迁。东方人虽然在君王的、政治的力量和尊严的光芒面前拜倒尘埃，但是这个光芒只不过是日月光芒的一个反照；君王对于他并不是一个尘世的、人性的东西，而是一个天上的、神性的东西。但是在一个神的旁边，人便不见了；只有当尘世失去神性，神灵升到天上，由实在的事物变成想象的事物的时候，人民才有自己的地位，才能毫不拘束地表现为人，保持人的权利。东方人之于西方人，有如乡下人之于城里人。乡下人靠自然，城里人靠人；乡下人照着气压表行事，城里人照着文件行事；乡下人照着永远不变的黄道星座行事，城里人照着变化不停的荣誉、风尚和舆论行事。所以只有城里的人创造历史，只有人类的"虚荣"才是历史的原则。只有能够把自然的力量牺牲于舆论的力量、把他的生命牺牲于他的名誉、把他的肉体存在牺牲于他的在后世人口中和心中的存在的人，才能够从事历史的事业。

三九

希腊喜剧家阿那桑得里德(Anaxandrides)在阿典奈斯[①]家里对埃及人演说道:“我不适合于你们的社会,我们的道德和法律不一致,你们崇拜牛,我拿牛来祭神,在你们,鳗鱼是一位大神,在我是一味佳肴,你们见了猪肉就怕,我吃得津津有味,你们崇拜狗,我只要它咬去一块点心就打它,你们见了一只猫有毛病就发慌,我正中下怀,把它剥下皮来,你们重视鼩鼱,可是我一点也不重视。”——这一番话卓越地刻画出对于自然的有拘束的看法与无拘束的看法之间的对立,亦即宗教的看法与非宗教的、自由的、人本的看法之间的对立。在前一种看法,自然是崇拜的对象,在后一种看法,自然是享受的对象,在前者,人是为了自然的,在后者,自然是为了人的;在前者,自然是目的,在后者,自然是手段;在前者,自然在人之上,在后者,自然在人之下。[②] 正因为这样,在前者,人是离心的、自失的(ausser sich),出于他的本分范围之外的,他的本分只是要他保守自己,而在后者,人是沉着的、冷静的、自保的(bei sich)、自觉的。其结果,在前者,人为了证明他的自然宗教的谦卑,甚至于自贬到与牲畜交合(据希罗多德);而在后者,人却深深

---

① Athenäus,希腊修辞学家、文法家,住在埃及。——译者

② 我在这里把希腊人和以色列人放在同一的立场上,然而在《基督教的本质》那本书中,我却把希腊人和以色列人对立起来。这是何等的矛盾!其实一点也不矛盾;凡是彼此比较起来不相同的东西,放在一个第三者前面,就归于一致了。此外,*观赏的、理论的*享受尤其可算是对于自然的享受。

感到自己的力量和尊严，把自己抬高到与诸神婚媾，好有力地证明，即使在神的身体中也只不过流着人的血液，真正的精纯的清气为质的(ätherisch)神血，只不过是一个诗意的，在实际上、在实践中并不成立的想象。

四〇

世界、自然，在人眼里看来是个什么样子，它便是那个样子，亦即对于人、按照人的想象的那个样子；人的感觉、人的想象，对于人直接而不自觉地成了真理和实在的标准，而真理、实在在人看来正如同他自己那个模样。人若意识到了虽有日月、天地、水火、动植物，人生还必须运用自己的力量，而且必须正确地运用自己的力量；意识到了“凡夫抱怨诸神不当，只是他们自己因不明事理以至违背命运而替自己造成苦难”；意识到了行恶和愚蠢带来疾病、不幸和死亡，而行善和智慧则带来健康、生命和幸福，那么，决定人类命运的力量也就是理智和意志。因此，人若不再像野蛮人那样，只是一个被偶发的刹那间的印象和情绪所统治的东西，而是一个被原则、智慧规则、理性法则所决定的、一个有思想、有理智的东西，那么，自然、世界在他看来也就是一个依靠理智和意志的、为理智和意志所决定的东西了。

四一

当人凭意志和理智升到自然之上，变成超自然主义者时，上帝也就变成了超自然主义的实体。当人进而“支配了海里的鱼、空中的鸟，支配了牲畜和整个地面，支配了一切在地上爬行的虫豸时”，对于自然的统治在人就是最高的表象、最高的东西，就是人崇拜的对象、宗教的对象，因此就是自然的主宰与创造者，因为创造是统治的一个必然的后果，或者简直是前提。自然的主宰如果并不同时是自然的创造者，那么，自然从来源和存在这两方面说便独立于它的主宰，主宰的力量也就是有限制的、有缺陷的——因为主宰如果能够创造出自然，为什么不创造出自然呢？——这样，主宰对于自然的统治便只是一种僭篡的统治，并不是合法承继的统治了。只有我自己所创造出来的东西，才完全在我的掌握之中。从创作里面，才产生出所有权来。孩子是我的，因为我是他的父亲。所以在创造中才证实了、实现了与穷尽了统治。异教徒的诸神虽然确是自然的主宰，却不是自然的创造者，所以只是合法的、有限制的、局限在一定范围之内的自然的君主，而不是自然的绝对的君主，也就是说，异教徒还不是绝对的、无条件的、极端的超自然主义者。

四二

有神论者们把上帝一统（Einheit）的学说解释成一个在来源上是超自然的、启示的学说，没有考虑到人本身禀有一神论的根源，上帝一统的根据是人的意识与精神的一统。世界在我眼前展示得形形色色、千变万化，然而这些形形色色、千变万化的事物，日月、星辰、天地、远的、近的、显的、晦的，还都归我的精神、我的头脑所统摄。人的精神或意识这个在宗教的亦即无教养的人看来神奇而超自然的实体，这个没有时间空间限制、不为一定的物种所限、本身并不是一个东西或可见的实体，却包括一切事物、一切事物的实体，乃是一神论拿来放在世界的顶上、并且使之成为世界的原因的东西。上帝说世界，上帝思想世界，世界就存在；上帝说世界不存在，上帝不思想、不愿意有世界，世界就不存在，也就是说，我可以在我的思想中、在我的表象力或想象力中使一切事物发生与消灭、产生与消失，因此也可以使世界本身随我的意思生灭。这一个从无中创造出世界、并且可以任意再使世界化为乌有的上帝，不是别的，就是人类抽象力和想象力的实体，在抽象和想象之中，我可以随便把世界表象为存在的或不存在的，可以建立它的存在，也可以取消它的存在。一神论把这个主观的无有（Nichtsein），把在表象中的世界的这个无有弄成世界在客观上、在实际中的无有。多神论、一般自然宗教把实在的事物弄成表象的事物，弄成想象中的事物，一神论把表象的事物、把想象、思想弄成实在的事物，甚至于把表象力、想象力、思想力的实体弄成最实在的、绝对的、最高的实体。有一位神学家说，上帝权力所及的范围和人类表象力所及的范围一样大。可是表象力的限度在什么地方呢？什么是想象力所办不到的事情呢？一切存在的东西，我都可以把它想象成不存在，一切不存在的东西，我都可以把它想象成实在；因此我可以把“这个”世界想象成不存在，把无数个别的世界想象成实在。被想象为实在的东西，是可能的东西。然而上帝这个实体是无所不能的，从能力上说，乃是无数个世界的创造者，乃是一切可能、一切可以想象的东西的总体，也就是说，他不是别的，只是实现了的、对象化了的、被思想成或表象成实在而且最实在、成为绝对实体的那个人类想象力、思想力、表象力的实体。

四三

真正的有神论或一神论的产生，只是由于人把自然联系到自己身上，并且使这联系成为自然的本质，因而使自己成为自然的最终目的，成为自然的中心点和统一点。[①] 自然之所以这样做，是因为不仅可以无意志无意识地使用在人的必然的、有机的生活机能上，而且也照样可以使用在人的有意志有意识的目的、事务和享受上。如果自然有自身以外的目的，那么它也必然有自身以外的根据和开端；如果自然只是为了另一个实体而存在，那么它也就必然出自另一个实体，而且这个实体创造自然的目标或目的就是作为享受自然、使用自然以利自己的实体的人。因此，只有当自然的终点落在人身上时，自然的开端才落在上帝身上，换句话说：上帝是世界的创造者，这种理论，其根据和意义只是在人是创造的目的这种理论里面。如果你们以“世界为人而创造、而造成”这个信仰为耻，噢！那么你们也就以“世界超然地（überhaupt）被创造、被造成”这个信仰为耻了。什么地方写着：“太初上帝创造了天和地”，

---

① 有一位教会神父直截地把人称为万物的纽带——συνδέρμονὰπάντων——，因为上帝要在人里面把宇宙组合成一个统一体，于是万物以人为目的，在人里面结合起来，万物的目的是为了供人使用。当然作为个体化了的自然实体的人，也是自然的终结，不过并不是目的论和神学的反自然主义或超自然主义意义下的终结。

那个地方也正写着："上帝造了两个大光，更造了一些星辰，把它们放在天顶上，让它们照耀大地，统治着日与夜。"如果你们认为信仰"人是自然的目的"是人类的狂傲，噢！那么你们也就认为信仰一位自然创造者是人类的狂傲了。只有那为了人类而照耀的光，才是神学的光，只有那仅仅为了能看的实体而存在的光，才假定一个能看的实体为原因。

四四

人假定有一个精神的实体在自然之上，将它作为建立自然、创造自然的实体。这个精神的实体，并不是别的，就是人自己的精神实体，不过在人看来，他自己的这个精神实体好像是一个另外的与他自己有别的、不可比拟的实体，其所以如此，是因为他把它弄成了自然的原因，弄成了人的精神、人的意志和理智所不能产生的那些作用的原因，是因为他把异于人的实体的自然实体与这个精神的、人的实体结合了起来。[①] 神的精神便是那使草生长，使胎儿在子宫中发育，使太阳循着轨道运动，使山岳隆起，使风吹刮，使海洋不逾越界限的精神。和这个精神对照起来，人的精神算得什么！多么渺小，多么有限，多么空虚！因此理性主义者如果否认上帝的人化，否认神性与人性的合一，主要的是因为他觉得在他的上帝背

---

① 这个"道德的"实体与"自然的"实体的结合或混合，人的实体与非人的实体的结合或混合，造成一个第三种实体，这个实体既不是自然，也不是人，而是一个两栖的东西，正因为它这个四不像的性质，就成了神秘主义和玄想的偶像。

后的，不是别的，就是自然，特别是通过天文望远镜显现在人眼前的那个自然在脑子里作祟。他愤然叫道，这个伟大的、无限的、普遍的实体只有在伟大的、无限的宇宙中才有与它相应的表现和作用，怎么会为了人的缘故而来到地上呢？地和伟大无比、充实无比的宇宙比较起来，简直等于零！这是多么卑下的、狭隘的"人的"看法啊！把上帝集中在地上，把上帝埋没在人里面，等于想把大洋纳入一滴水中，等于想把土星的光环纳入一只指环。当然，认为世界的实体仅仅局限于地上或人身上，认为自然只是为人而存在，认为太阳只是为了人的眼睛而照耀，乃是一个狭隘的看法。可是近视的理性主义者啊，你没有看到，在你心中使你反对天人合一的，使你觉得这个合一是一个无意义的矛盾的，并不是上帝的表象，而是自然或世界的表象；你没有看到，这一个合一点，这一个上帝与人之间的概念联系，并不是你把自然的力量和作用都归之于其上的那个实体——不管是直接地还是间接地——，倒是那个因为你能看能听所以能看到听的实体，那个因为你有意识有理智有意志所以有意识有理智有意志的实体，因此也就是那个因为你把自己与自然分开所以把它拿来与自然分开的实体。如果这个人性的实体终于表现为实际的人，走到你面前，你还能有什么异议呢？如果你肯定这个后果的原因，你怎能否定这后果呢？如果你承认父亲，你怎能否认儿子呢？如果你认为"上帝人"(Gottmensch)是人类的幻想和自我神化的一个产物，那么你也得承认自然创造者是人类想象力的产物，也是因人类将自己提升到自然之上而造成的产物，如果你愿意有一个不带任何人的形象、人的属性的实体——不论这些属性是理智上的、还是心理幻想方面的——，那么就得勇敢地、彻底地把神整个抛开,只仰仗、只依傍那纯粹的、干净的、无神的自然,把它作为你的存在的最后基础。只要你还让神有一种异于自然的特殊性存在,你就是让一种人的特殊性存在,只要你在上帝里只是体现你自己的特殊性,你就是在原始本体里只是神化你自己的本质;因为你要找出异于人的东西,既然只有自然,只知道自然,那么反过来你要找出异于自然的东西,也就只有人,只知道人。

四五

把人的实体看成一个异于人的客观实体,简言之,把人的实体对象化,是有着一个前提的,这个前提便是:把异于人的客观实体人化,或把自然看成一个人的实体。[①] 只是因为这个缘故,意志和理智在人看来是自然的原动力或原因,因为自然的无目的的作用在他的理智之光中对于他成了有所为的作用,成了目的,因此自然在他看来是一个甚至有灵性的实体,或至少也是一个纯粹的理智物(Verstandessache)。正如万物之为太阳所见——太阳神"赫里阿(Helios)全视全闻"——,乃是因为人在太阳光中看见万物,万物本身之为被思想的事物,乃是因为人思想万物,万物之为理智体(Verstandeswerk),乃是因为万物对于人是个理智对象。因为人

① 所以从这个立场看来,自然的创造者并不是别的,就是借抽象作用从实际自然、从感觉对象的自然中分别与分离出来的自然实体,就是借想象力转化、通俗化、人形化、人格化而成为一个人的或似人的实体的自然实体。

测度星辰与星辰之间的距离，所以星辰及其距离是被测度了的；因为人用数学来认识自然，所以数学也就被用来产生自然；因为人预见到一个运动的目标、一个发展的结果、一个器官的作用，所以运动、发展、作用本身也就是被预见了的事；因为人能够想象一个天体的位置或方位的反面，能够想象无数个别的方位，而又注意到，如果停止保持这个方位，则一连串有效的有益的后果也将同时消失，因此把这个后果的系列想成了说明为什么实现的正好是这个方位而不是别的方位的理由，所以这一个方位实际上、根本上也只是由于考虑到那些有益的后果而从一大堆只存在于人脑子里的别的方位中凭着惊人的智慧挑选出来的。因此，在人看来，直接地、不经判别地认识的原则就是存在的原则，思想物就是实在物，对于对象的思想就是对象的实体，“后天的”(a posteriori)就是“先天的”(a priori)。人把自然想成异于自然，替自然假定一个异于自然本身的实体，假定一个仅仅存在于脑中、简直只是他自己的头脑的实体，作为自然的实在性的基础和原因，这是无足怪的。人颠倒了事物的自然秩序：他把真正意义的世界头朝下放着，把金字塔的尖端弄成了金字塔的基础——把在头脑中或对于头脑是第一位的东西，把某某事物所以存在的理由，弄成了在实际中是第一位的东西，弄成了某某事物借以存在的原因。一件事物的理由在头脑中跑到事物本身前面去了。因为这个缘故，所以人把理性或理智的实际、把思想实体当成了第一实体、根本实体——不仅在逻辑上是第一，而且在物理上也是第一。

四六

目的论的秘密，建立在自然的必然与人类的任意之间的矛盾上，建立在实际的自然与人类所想象的自然之间的矛盾上。如果地球处于另一个地方，譬如在水星所在的地方，一切东西就要因过度的高热而消灭了。那么，把地球正好安置在这个凭它的特性能够适应的地方，是件多么智慧的措置！但是这个智慧存在于什么地方呢？仅仅存在于与人类愚昧的矛盾中，存在于与人类愚昧的对立中，人类的愚昧才任意地在思想中把地球放在另一个异于它实际上所处的地位上的。如果你首先把自然中不可分离的东西彼此拉开，譬如把一个天体的天文位置与它的物理特性分开，那么你以后自然要把自然的统一性当作合乎目的的，把必然性当作计划的，把一个天体的实际上的、必然的、与其本质同一的地位，在与你所想所选的、它所不能适应的地位对照之下，当作合理的、正确地想出的、用智慧选出的地位了。“如果雪有着一种黑的颜色，或者黑色弥漫着两极的地方……那么地球的整个两极地带就是一片与有机生命不相容的黑暗荒原了。……所以物体颜色的配置是……世界的安排合乎目的的一个最好的证明。”是的，只要不认白为黑，只要人类的愚昧不任意处置自然，也就没有神的智慧来支配自然了。

四七

“有谁对鸟说过，要往下飞时，只消翘起尾巴，要往上飞时，只消拖下尾巴呢？一个没有从鸟的飞翔中看出那代鸟思想过的较高智慧[①]的人，应该是完全盲目的。”诚然，这个人一定是盲目的，但并不是对于自然说才如此，而是对于人说的，人把自己的实体提升为自然的原型，把理智力提升为原力，使鸟类的飞行依靠对飞行力学的见识，使人从自然抽象出来的概念成为鸟类飞行时所应用的法则，有如骑师应用骑术的规律、游泳家应用游泳术的规律一样，只有一点不同，即飞行术的应用在鸟类是天生的、本能的。然而鸟类的飞行是不依靠艺术的。艺术只存在于艺术的反面也存在的地方，在那里一个器官发挥一种机能，而这机能并不直接地、并不必然地与这个器官连带在一起，并不穷尽这个器官的本质，只是这器官的许多别的现实的或可能的机能之外的一个特殊机能。鸟不能照别的样子飞，并且也不能不飞；它必须飞。兽永远只能作它所能做的这一个独一的行动，此外绝对不能作别的行动，它之所以能够把这一个行动作得如此熟练，作得熟练到无以复加，正因为它不会别的，正因为它的全部能力都穷尽在这一个机能里，这一个机能与它的本质本身是合一的。所以如果你对于禀有所谓艺术冲动的兽类的行动和机能，特别是对于低等兽类的行动和机能，非假设一个代兽类思想过的理智便不能解释，那么，你之所以非如此不可，只是由于你认为兽类行动的那些对象对于兽类之成为对象，正和这些对象之成为你的意识和理智的对象一样。如果你一旦把兽类的作品想成艺术作品，想成有意志的作品，你自然也必须要把理智想成这些作品的原因，因为一件艺术作品要以选择、计划、理智为前

① 指上帝的智慧。——译者

提，其结果，既然经验同时又告诉你兽类本身并不思想，你就必须要让另外一个实体代替它们思想了[①]。“你能向蜘蛛建议，它该怎样把蛛丝从一棵树上连结到另一棵树上，从一个屋顶上连结到另一个屋顶上，从一湾水的这边一个高处连结到那边一个高处吗?”绝对不能；那么，如果你想凭脑子解决这个问题，以为蜘蛛和你一样，也有一个这边、一个那边，你是否就相信建议在这里是必需的，相信蜘蛛现在的处境就是你过去的处境呢？在蜘蛛和它缚牢蜘蛛网丝的对象之间，有一个必然的联系，和你的骨头与肌肉之间的联系同样必然；因为那个在蜘蛛身外的对象，对于蜘蛛就是它的生命之丝的系缚点，就是它的狩猎工具的支柱。你所看见的，蜘蛛并不看见；你的理智之眼所造成的那些分别、差异、距离，或者至少像你的理智之眼所造成的那个蜘蛛，对于蜘蛛是根本不存在的。因此，一个在你不能解决的理论问题，蜘蛛却不用理智因而毫无困难地做了，这些困难只不过对你的理智存在而已。“有谁对木虱说过，它们在秋天从树枝上、树芽上找到的食料比从树叶上找到的多呢?

① 因此一般说来，一切从自然推到一位上帝的推论中，前提、假设是一个人的前提、人的假设，所以无怪乎其结果会是一个人性的或类似人的实体。如果世界是一部机器，当然必须有一个世界的工程师。如果自然物彼此之间的关系和个人之间的关系一样各不相涉——个人只能被一个更高的力量使用，并团结起来达到某一个任意的国家目的，譬如兵役之类——，那么，当然必须也要有一位自然的摄政王、执政官、总司令——一位“云的首长”——了，如果自然不应解体而入于“无政府状态”的话。所以人首先不自觉地把自然弄成了一个人的作品，亦即把人的实体弄成了自然的根本实体；不过以后，或者同时，他既然发觉了自然的作品与人类艺术的作品之间的区别，他就觉得他自己这个实体似乎是另外一个与自然实体相类、相似的实体了。因此一切关于上帝存在的证明，都只具有逻辑的或者更可以说是人类学的意义，因为，也只因为即使是逻辑的形式也是人的形式。

有谁给它们指出过到树芽、树枝上去的路！对于生在树叶上的木虱，树芽不只是一个遥远的所在，而且是一个完全未知的地区。我崇拜木虱和胭脂虫的创造者而默无一言。”如果你把木虱和胭脂虫弄成了有神论的布道者，如果你把你的思想当作木虱和胭脂虫的，你当然必须默无一言，因为只有对于人形化了的木虱，树芽才是一个遥远而未知的地区，但是对于木虱自身并不如此。对于木虱自身，树叶并不是作为树叶，树芽并不是作为树芽，而只是作为可同化的、在化学上和它似乎关系密切的物质而成为它的对象。所以这只是你的眼睛的反影在使你觉得自然是一只眼睛的作品，在迫使你把蜘蛛从下体抽出来的丝从一个有思想的实体的头脑中抽引出来。自然对于你只是一幕戏，只是一个眼睛的盛会；所以你相信那使你眼睛喜乐的也推动与支配着自然；因此你把自然在其中向你显现的天上的光弄成了创造自然的天上的实体，把眼睛的光芒弄成了自然的原动力，把视觉神经弄成了宇宙的运动神经。由一个智慧的创造者引出自然，就等于说，用眼光生出婴儿，用食物的香味止饿，用和谐的声音移动岩石。如果格陵兰人之认为鲨鱼从人尿中生出，是因为鲨鱼在人的鼻子闻起来有尿的气味，那么，这个动物创始说和有神论者的宇宙创始说一样地有根据，有神论者之认为自然从人的理智中生出，是因为自然对于人的理智留下有理智、有意志的印象。自然的现象在我们看来虽是理性，但是这个现象的原因却并不是理性，正如光的原因并不是眼光一样。

四八

为什么自然会产生畸形胎呢？因为一种结构的结果没有被自然事先当作目的。譬如说，为什么会产生所谓软头胎呢？因为自然在构成脑子时没有想到脑壳，不知道它还缺少着骨质的东西来覆盖脑子。为什么会产生多肢胎呢？因为自然没有计数。为什么通常长在右边的长到了左边，通常长在左边的长到了右边呢？因为自然不知道什么是左右。因此畸形胎乃是尽人皆知的证明，正因为尽人皆知，所以也是早经古代的无神论者以至那些把自然从神学的监护下解放出来的有神论者加以强调的证明。畸形胎的存在，证明自然化育物并不是预见到的、有计划的、有意的产物，因为一切引来解释畸形胎的理由，即使是近代自然科学家认为畸形胎只是胎儿疾病所致的那些理由，如果同时把意志、理智、预见、意识结合到自然的创造力或化育力上，就会站不住。不过自然虽然不视，却并不因此而盲，虽然不活（指人类的、一般主观性的、感觉性的"活"），却并不是死的，虽然不依计划而行化育，但它的化育却并不是偶然的产物；因为当人把自然看成了死的、盲的，把自然的化育物看成了偶然的产物时，人就把他自己的（并且是主观的）本质弄成了自然的尺度，便只根据人的相对情形来决定自然，就把自然描述成一个有缺陷的实体，因为自然没有人所具有的东西。自然随处施化，随处作育，都只是在内在联系之下、凭着内在联系而进行的——这种内在联系，对于人就是理性，因为不管在什么地方，只要他知觉到内在联系，他就发现有意义、思想内容、"充足理由"、系统——只是由于必然性、凭着必然性而进行的。不过这个必然性也并不是人方面的必然性，亦即并不是逻辑的、形而上学的或数学的必然性；总之，并不是抽象的必然性，因为自然实体并不是思想实体，并不是逻辑的或数学的形象，而是实际的、感性的、个体的实体，这个必然性是一个感性的，因而是离心的、例外的、不规则的必然性；由于人类幻想中的这些变格、例外，甚至于被看成自由、至少被看成好像是自由的一个产物的必然性。总之，自然只应该就其自身去了解；它是一个实体，这实体的“概念并不依靠任何别的实体”；只有在它身上，自在之物（Ding an sich），与为我之物（Ding für uns）之间的分别才成立；只有在它身上“人的尺度”是不应当也不能够用上去的，虽然为了使我们了解自然，我们拿自然的现象与类似的人类现象相比较，拿后者来表示前者，一般地将人类的表示方式和概念，如像秩序、目的、法则等，用之于自然，并且我们的语言的性质也必须用到自然上去，我们的语言只是建立在事物的主观的外表上面的。

四九

对于自然中上帝智慧的宗教景慕，只不过是一时的狂热；它只是对于手段而发，一反省到自然的目的时，便销歇了。蜘蛛的网多么可惊羡！沙滩上蚁狮的漏斗多么可惊羡！可是这些设备为了什么目的而设呢？为了求食物——一个被人降为单纯手段的目的。苏格拉底说，“别人”——这些别人是兽类或野蛮人——“为了吃而活，但是我为了活而吃”。花朵多么华美啊！花的结构多么可惊异啊！可是这结构、这华美为的是什么呢？只是为了光耀与保护那人会由于羞耻而加以掩盖、甚至由于宗教热忱而加以残害的性器官。所以自然科学家和理论家所崇拜所惊羡的、仅以自然生命为目的的“木虱和胭脂虫的创造者”，并不是宗教意义下的上帝和创造者。不是的！成为宗教对象的上帝和创造者，只是人类的创造者，只是自别于自然而提升到自然之上的人类的创造者，在这个创造者身上，人意识到他自己，发现其中表现着使人的本性异于外界自然的那些特性，并且表现得和人在宗教中所想象的一样。路德说：“洗礼中所创造的、倒在婴儿身上的水，也是水，但不是创造者的水，而是救主上帝的水。”我与动植物共有着自然的水，但不是洗礼水；前者使我同于其他自然物，后者使我异于其他自然物。然而宗教的对象并不是自然的水，而是洗礼水；所以宗教的对象也不是自然水的创造者，而是洗礼水的创造者。自然水的创造者必然本身是一个自然的实体，因此不是宗教的、亦即不是超自然的实体。水是一个作为感觉对象的、可见的实体，因此它的特性和作用并不引导我们到一个超感性的原因上；但是洗礼水并不是“肉眼”的对象，它是一个精神的、不可见的、超感觉的，亦即只对信仰存在、只在观念中想象中存在并起作用的实体——因而这一个实体也需要一个精神的、只在信仰中想象中存在的实体为原因。自然水只洗净我肉体上的污秽，洗礼水则洗净我道德上的污秽和罪恶；前者只解除我对于尘世暂时的生命的渴望，后者则满足我对于永生的要求；前者只有狭窄的、一定的、有限的效果，后者却有无穷的、全能的效果，有超越水的本性的效果，因此有使神性实体的不为自然限制所约束的本质现实化、客观化的效果，有使人类信仰力、想象力的不为经验和理智限制所约束的和无限制的本质现实化、客观化的效果。但是洗礼水的创造者是否也是自然水的创造者呢？这位创造者与自然的创造者有什么关系呢？他们的关系正如洗礼水对于自然水的关系；后者如果不存在，前者便不能存在；后者是前者的条件，是前者的凭借。所以自然的创造者正是人类的创造者的条件。若没有自然水在手，怎能把超自然的效果与自然水结合起来呢？若不能支配暂时的生命，怎能给人永生呢？若不能使自然的元素听命，怎能使我这已归尘土的肉体复生呢？可是除了那位有权力、有力量、只凭他的意志从无中产生出自然的以外，谁是自然的主宰呢？因此谁要是把洗礼的超自然本质与自然水的结合解释成一个荒谬的矛盾，便也要把创造者的超自然本质与自然的结合解释成这样一个矛盾；因为在洗礼水与普通水的效果之间，正好有着超自然的创造者与如此自然的自然之间所有的那样多或那样少的关系。创造者所自来的泉源，就是超自然的神奇的洗礼水所自来的泉源。在洗礼水中，你只见创造者的本质，只见在一个感性实例中的上帝的本质。那么，如果你让创造者的本质亦即奇迹的本质存在的话，你又怎能否定洗礼的奇迹和其他的奇迹呢？换句话说：如果你承认创造的大奇迹，你又怎能否认小奇迹呢？当然啰，神学世界中的情形，正和政治世界中的情形是一样的：绞死小贼，放跑大贼。

五〇

表现在自然秩序、目的性和合法性中的天意，并不是宗教的天意。后者建立在自由上，前者建立在必然上，后者是无限制、无条件的，前者是有限制的、依靠着千万个条件的，后者是一种特别的、个别的天意，前者则仅及于全体和类，而将特殊和个体委诸偶然。有一位有神论的自然科学家说："许多人（许多人？一切以为上帝不仅是自然的一个数学的、假定的起点的人）心里想，世界的保持，尤其是人类的保持，是直接的、特殊的，好像上帝支配着一切创造物的行为，依照他的喜好指挥万物。……不过我们根据对于自然律的考察，绝不可能承认这种支配人类以及其他创造物的行为的特殊统治和管制。……我们从自然不甚照顾个别分子而认识到这一点。[①] 千万个个别分子在自然的丰富内容中毫不犹豫、毫无遗憾地牺牲了。……即在人类，也是这样。人类中活到两岁的不到一半，几乎在不知道曾经活过的状态下死去。我们从一切人——包括好人和坏人——的不幸与烦恼中认识到这一点，这一切与创造者的特殊的保持和协助是不能并存的。"但是一个并不特殊的统治，一个并不特殊的天意，是不能符合一个天意的目的、本质、概念的；因为天意应该取消偶然，而一个仅属普遍的天意正好要偶然存在，所以也就等于根本不是天意。所以，譬如说，人依照不同的年龄，有一定的死亡率，譬如一岁的婴儿三个到四个中死一个，五岁

① 此外，自然也不甚"照顾"种或类。类的保持是由于自然的理由，因为类不是别的，就是借交配而繁殖繁衍的个体的总和。因此，个别个体所遭受的那些偶然的破坏性的影响可以为另一些个体所避免。这样，群体就保持住了。但是虽然如此，每每由于和使个体消灭的理由同样的理由，就是类也会死去。因此，渡渡鸟（Dronte，印度洋中毛里西亚岛上的古代大鸟。——译者）消灭了，爱尔兰巨鹿消灭了，曾经存在或不久以前还大群地存在着的许多动物种类，譬如南苏格兰群岛的海狗，由于人类的狩猎，由于它们所在地区的不断开发，现在还继续在消灭中，并且将随时间的进展而整个不见于世上。

的二十五个死一个，七岁的五十个死一个，十岁的一百个死一个，乃是一条自然中的“神圣秩序的法则”，亦即自然原因的一个结果，可是，正好这一个婴儿死掉，而那三个或四个活下来，都是偶然的，并不是由这条规律决定的，而是有赖于一些别的偶然原因的。所以“婚姻是上帝的一个安排”，是自然天意繁殖人类的一条法则，因此对于我是一种义务。不过我是否应当娶这个女人，是否这个女人也许会由于一种偶然的生理缺陷而不能胜任或不能生育，自然的天意是一点也不告诉我的。正因为如此，因为正当这个法则应用在一定的特殊场合时，正当下决断的紧要关头，正当迫切之际，这个实际上就是自然自身的自然的天意使我陷入窘境，所以我要向一个更高的法庭控诉它，诉之于神的超自然的天意，神的眼睛正在自然之光照不到的地方照耀着我，神的统治正在自然的天意的统治宣告终结的时候开始实现。神知道并且告诉我，什么是自然置之于未定之乡、委之于偶然的事，他们是这些事的决定者。偶然——普通意义以及哲学意义的偶然——的事物、“实证的事物”、个别的事物、不可预见的事物、不可测定的事物的领域是神的领域，是宗教的天意的领域。而神托和祈祷就是宗教的办法，它教人怎样去使偶然的、幽晦的、不定的事物成为一个天意的、确定的或信任的对象。[1]

---

① 比较克塞诺封(Xenophon)所记苏格拉底关于神托的说法(按克塞诺封所著的《追思录》记载着苏格拉底的事迹。这里所谓神托是指苏格拉底有一次在德尔斐神庙里求签，签上说他是最智慧的人那段事。柏拉图的《申辩篇》中也有同样的记载。——译者)。

五一

伊壁鸠鲁说，诸神存在于众多世界之间的空隙里面。好极了；[①]他们只存在于空的空间里，存在于现实世界与观念世界之间的空隙里、法则与法则的应用之间的空隙里、行为与行为的后果之间的空隙里、现在与将来之间的空隙里。神是表象出来的实体，是表象、想象中的实体，是那些因此严格说来不靠现在而存在、只靠**将来**和**过去**而存在的实体。靠过去而存在的诸神是**不复存在的**、**死的**、只是尚在人心和表象中存在着的实体，对于他们的崇拜，在许多民族中是全部的宗教，在大多数民族中是宗教的一个重要的基本部分。但是**将来**对于人心所起的作用，要远比过去来得大；过去只留给人平静的感觉，将来则使我们面临地狱的恐怖和天堂的幸福。因此从坟墓里爬出来的神本身只是神的影子；真正的活的神，雨水、阳光、雷电、生死、天堂、地狱的主宰，其所以存在，也只是归功于那宰制生死的**恐惧**和**希望**之力，这两种势力以表象中的实体照耀着将来的黑暗深渊[②]。现在是最平淡不过的、完成了的、决定了的、永不能改变的、成就了的、排外的；在现在中，想象和实际打成一片；因此在现在中，神没有立足之处，没有用武之地；现在是无神的。但是将来则是诗的领域，是无限可能与偶然的领域——将来的事物可以如此可以如彼，可以如我所愿，也可以如我所虞；

① 伊壁鸠鲁的这个插语的真正意义，在这里自然是无关紧要的。

② 意思是说：使我们想象到有主使者存在。——译者

它还没有堕入不可变更的顽强命运；它还高悬在“平凡的”实际与现实之上，而飘摇于有无之间；它还属于另外一个“不可见的”世界，一个不被重力定律约束、只被头脑活动定律支配的世界。这个世界便是神的世界。现在属于我，但将来则属于神。我现在存在；这个当前的、可是当然立刻就要过去的瞬间，神不再能从我身上剥夺去；已经发生的事，像古人所说过的那样，即使是上帝的全能，也无法使它不发生。但是我会不会在下一个瞬间存在？我的生命的下一个瞬间是不是依靠我的意志？还是与现在这一个瞬间有必然的关联？不是？偶然多到无法计数：我脚下的地板，我头上的屋顶，一个闪电，一颗枪弹，一块石头，以至于一颗我没有放进食道而放进气管的葡萄，每一瞬间都可以使现在这个瞬间永远与将要来的那个瞬间脱离关系。然而慈悲的诸神在防止着这种强暴的拆散；他们用他们灵气所造的不可毁伤的身体，填满了人身上会遭受到一切可能危害侵袭的孔隙；他们把将临的瞬间连接到过去的瞬间上；他们联络将来与现在；他们在无间断的衔接中具备着、拥有着人们——有孔隙的神——仅仅在间隙中、仅仅间断地具备和拥有的一切。

五二

慈悲是诸神的根本特性；不过，如果他们并不全能，如果他们并不能逃得了自然天意的法则、亦即自然必然性的锁链，如果他们并不在个别的、决定生死的情况下表现为自然的主宰，表现为人类的朋友和施惠者，如果他们并不行奇迹，他们怎能是慈悲的呢？说是诸神，倒不如说是自然给配置了肉体的力量和精神的力量，使人能够自保。不过这种自然的自保手段是否永远足够呢？如果不是有一只超自然的手阻断自然秩序无情的进行，我不是要常常陷入无救的地步吗？自然秩序是好的；但是它是否永远好呢？譬如说，这一场久雨，这一场久旱，是完全在自然秩序之内的，可是，如果神不援助，不取消这场旱灾，我、我的一家、这个民族本身不是要因此消灭吗？[①] 因此奇迹是与神的统治和天意不可分的，奇迹确乎是作为与自然不同的力量和实体的神的唯一证明、启示和现象；取消奇迹，就是取消神本身。诸神怎样不同于人呢？诸神与人本质上相同，其不同仅在于神是无限制的，人是有限制的，尤其是神是永远的，人只是暂时的、片刻的。[②] 人们活着——有生命是神的性质，有生命是神性的根本特性、基本条件——，可是不幸的很！并不永远活着，人们有死，而神则是不死的、永远活着的；人们也是幸福的，不过不是无间断地幸福，像神那样；人们也是善良的，但是并非永远善良；照苏格拉底说，神与人的区别，正在于神是永远善良的；照亚里士多德说，人们也享有思维的神圣幸福，但是在人的方面，精神活动却为其他的事务和活动所打断。所以神与人有着相同的特性、相同的生活规律，只是神没有限制和例外而人有限制和

---

① 即使是基督教徒也向他们的上帝祈雨，并且相信这种祈祷灵应，正和希腊人向宙斯祈雨并且如此相信一样。路德在桌边谈话中说："有一次大旱，久不下雨，田里禾苗开始枯槁，于是马丁路德博士时时祈祷，最后长叹一声说道：主啊！请垂顾我们希望你感应的祈祷……我知道我们是从心里向你哀告，渴望地向你叹息，为什么你不鉴允呢？在第二夜，就下了一场极丰沛滋润的雨。"

② 去掉限制当然引起增长和变化的后果，不过去掉限制并不取消本质的同一性。

例外。正如来世的生命不是别的,而是不为死所打断的今生的继续,神的本质也不是别的,而是人的不为一般的自然所打断的本质的继续——不中断的、无限制的人的本质。但是奇迹和自然的作用是怎样分别的呢?正如神与人的分别情形一样。奇迹把一个在这个特别情况下并不是良好的自然作用或特性弄成一个是良好的或至少是无害的特性;它使我在不幸坠入水中时并不沉下去,并不淹死,使火不烧死我,使掉到我头上的石头打不死我,总之,使一时好、一时歹,一时与人为友、一时与人为敌的实体变成一个永远善良的实体。上帝和奇迹仅赖出乎常规的例外而存在。神性是人的缺陷和限制的取消,正是这缺陷和限制引起出乎常规的例外,奇迹则取消了自然中的缺陷和限制。自然实体乃是决定了的,因此是有限制的实体。它们的这个限制,在异常的情形下,乃是它们之所以对于人有害的根由,但是这个限制在宗教的意义下并不是必然的限制,而是任意的、由上帝定下的限制,因此是可以取消的限制,如果人在急难时,也就是说,为了成全人的好处而需要取消的话。借口奇迹与上帝的尊严和智慧不相称——上帝凭着这尊严和智慧,便从太初之始,一下就永远规定了、预定了万物最完善的情态——而否定奇迹,等于为自然而牺牲人类,为理智而牺牲宗教,等于在上帝的名义下宣传无神论。如果上帝所满足的人的要求和愿望,是没有上帝也可以满足的,是在自然原因的限度和条件之下满足的,因而上帝只在技术和自然能帮助人的时候帮助人,当医药无效时,他便停止帮助人,那么这样的一个上帝不是别的,就是隐藏在上帝名义后面的人格化的自然必然性。

五三

信仰一位上帝，若不是信仰作为一个人性（主观的）实体的自然（客观实体），就是信仰作为自然实体的人性实体。前一种信仰是自然宗教、多神教[①]，后一种信仰是精神-人类宗教、一神教。多神教徒把自己奉献给自然，给自然一只人眼和一颗人心；一神教徒把自然奉献给自己，给人眼人心以支配自然的力量和权威；多神教徒使人依靠自然，一神教徒使自然依靠人；前者说如果自然不存在，我就不存在；后者反转来说如果我不存在，世界、自然就不存在。宗教的第一条基本原则是在自然面前我算不了什么，在我面前一切都是神，一切都引起我的依赖感，一切都可以带给我幸福和不幸、安宁和灾害，虽然只是偶然地，但是人开始时并不分别原因和偶然的起因；因此一切都是宗教的对象。建立在这种无批判的依赖感的观点上的宗教，便是所谓拜物教，这是多神教的基础。另一方面宗教的结论则是在我面前一切都算不了什么，一切星辰的庄严、多神教最高的神的庄严在人类灵魂的庄严面前都消失了，世界的一切威力在人心的威力面前都消失了，一切死的无意识的自然的必然性在人的有意识的本质的必然性面前都消失了，因为一切都只是为我的手段。可是，如果自然出于它自己，不出于上帝，它就不是为我的。如果它出于它自己，因而它的存在的根据就在它自己之内，则它将正因此而有一个独立的本质，有一个原本的、

---

① 把多神教一般地、直率地名为自然宗教，只是相对地、只是有对待地行得通。

不关联到我的、独立于我的"是"或本质。自然本身并非为它自身的东西,而是一个为人的手段;这个自然的意义,因此只是由创世才开始有的;不过这个意义却首先显现在人与自然发生冲突,譬如在急难中、在濒于死亡之际,而自然为人类的幸福牺牲的场合——显现在奇迹中。因此创造是奇迹的前提,奇迹是创造的结论、后果、真理。创造对奇迹的关系,正如种或类对特殊个体的关系;奇迹是一个特殊的个别的情况中的创造行为。换句话说:创造是理论;实践、理论的应用是奇迹。上帝是世界的原因,人是世界的目的,也就是说,上帝是理论上的第一实体,而人是实践上的第一实体。自然对于上帝算不了什么——只不过是他的全能的一个玩具——,只不过因为自然在危难之际,因为自然在一般情形下,不是什么与人过不去的东西,也不能有所不利于人。在创造者里面,人废弃了他的本质、他的"灵魂"的限制,在奇迹里面,他废弃了他的存在、他的身体的限制;在创造者里面,他使他的不可见的、思想的和被思想的本质成为世界的本质,在奇迹里面,他使他的可见的、实践的个体本质成为世界的本质;在创造者里面,他使奇迹合法化,在奇迹里面,他是只完成奇迹。因此在奇迹中,宗教的目的以感性的、通俗的方式达到了——人对于自然的统治,人的神性乃是一种耳目昭彰的真理。上帝行奇迹,但是是应人的祈祷而行,并且虽然并不是应一个明显的祈祷而行,却是如人心意而行的,是应人最秘密、最内心的愿望而行的。萨拉[①]当上帝在她老年还许给她一个小儿子时发笑了,但是无疑地,即使在那时,后代还是她最高的意

① Sara,圣经中亚伯拉罕的妻子。——译者

念和愿望。所以秘密的行奇迹者是人，不过随着时间的进行——时间暴露一切秘密——他将变成、也必须变成公开的、可见的行奇迹者。起初他接受奇迹，最后他自己行奇迹；起初他是上帝的对象，最后他自己是上帝；起初上帝只存在于心中、精神中、思想中，最后上帝便存在于肉体中，不过思想是害羞的，感觉并不害羞，思想沉默不言，感觉公开而直爽地表示出来，因此它的表现如果与理性矛盾，是要惹人笑的，因为在这种场合，矛盾是显而易见的、不可否认的。这就说明了何以近代的理性主义者们耻于相信肉体的上帝，亦即耻于相信可感的、显著的奇迹，而不耻于相信不可感的上帝，亦即不耻于相信不可感的、隐藏的奇迹。时候是会到的，到了这时候，李希登贝格[①]的预言就要实现，对于一位一般的上帝的信仰，因而对于一位理性主义的上帝的信仰，将要被视为迷信，正和现在那对于肉体的、行奇迹的、亦即基督教的上帝的信仰之被当作迷信一样，自然与理性的纯净光明将要代替简单信仰的圣烛之光、代替理性信仰的薄暮之光，来照耀人类，来温暖人类。

五四

谁要是没有别的材料来构成他的上帝，只有自然科学、哲学或一般对自然的观察所供给他的材料，谁就只是用自然的材料来填充上帝，就把上帝不想成别的，只想成天文学、物理学、地质学、矿物学、生理学、动物学、人类学法则的原因或原则，但愿他也老老实

---

① Lichtenberg，1742—1799，德国物理学家兼作家。——译者

实地摒弃上帝之名，因为一个自然原则永远是一个自然实体，并不是构成一位上帝的东西。[①] 正如一座被人弄成了自然博物馆的教堂，便不再是而且不再叫做上帝的殿堂，一个本质和作用只表现在天文学、地质学、动物学、人类学著作中的上帝，也不是一个上帝；上帝是一个宗教名词，是一个宗教的对象和实体，并不是物理的、天文的实体，总之，不是宇宙的实体。路德在桌边谈话中说："上帝与礼拜是相关的双方，上帝与上帝的崇拜是连在一起的，一个不存在，另一个便不能存在，因为上帝必须永远是一个人或一个民族的上帝，并且永远是在关系陈述(Praedicamento Relationis)中，互相关照，互相关连。上帝要有若干向他恳求与崇拜的人，因为有一个上帝与崇拜一个上帝是连在一起的，是相关的双方，正如婚姻关系中夫与妻一样，没有一个便没有另一个。"因此上帝以崇拜他、祷告他的人为前提；上帝是一个概念或观念不依靠自然而依靠人并且还是依靠信教的人的实体；一个祷告的对象是不会没有一个祷告者的，也就是说，上帝是一个存在只与宗教的存在同在、本质只与宗教的本质同在的对象，所以这个对象不在宗教以外，不异于宗教，不独立于宗教而存在，它在客观方面所包含的，并不多于宗教

① 用字的任意是没有限制的。不过用得如此任意，加上如此矛盾意义的字，无过于"上帝"与"宗教"这两个名词。何以有这种任意、这种混乱呢？因为人们由于畏惧或胆怯，不敢与因年代而神圣化了的意见相左，于是保留了古老的名词——因为只是名词、只是幻象在统治着世界，甚至统治着相信上帝的世界——而将一些完全不同的，经过长时期才得到的概念与这些名词连接起来。希腊的神在时间的过程中获得了一些彼此最矛盾不过的意义，基督教的上帝也是这样。自称有神论的无神论便是今日的宗教，自称基督教的反基督教便是今日的真正的基督教。世人是愿意受骗的(Mundus vult decipi)。

在主观方面所包含的。[①] 声音是耳朵的客观本质，是耳朵的上帝，光是眼睛的客观本质，是眼睛的上帝；声音只对耳朵存在，光只对眼睛存在；在耳朵里你有着你在声音里所有的，有着颤动的、振动的物体，紧张的皮膜，胶状的物质；在眼睛里你则有着感光的器官。因此把上帝弄成一个物理学、天文学、动物学的对象或实体，正如同把声音弄成一个眼睛的对象一样。正如声音只存在于耳朵里，只对耳朵存在，上帝也只存在于宗教里，只对宗教存在，只存在于信仰里，只对信仰存在。正如作为听觉对象的声音或声调只是耳朵的本质，作为一个对象的上帝，作为一个只是宗教对象、信仰对象的上帝，也只表示着宗教的本质、信仰的本质。但是什么东西使一个对象成为宗教的对象呢？像我们所见的那样：只是人类的幻想或想象以及人心。你崇拜耶和华也好，崇拜阿比斯也好，崇拜雷神也好，崇拜基督也好，你和黄金海岸的黑人一样崇拜你的影子也好，你像年老的波斯人一样崇拜你的灵魂也好，你崇拜"丹田之气"(Flatus Ventris)或你的精灵也好，总之，不管你崇拜的是一个可感的或是一个精神的实体——都是一样的；宗教的对象只不过是某一个东西，只要这个东西是一个幻想的对象、感情的对象、信仰的对象便行；正因为宗教的对象就其为宗教的对象说，并不在实际中存在，反倒与实际矛盾，所以它只是一个信仰的对象。譬如说，人的不朽或作为不朽的实体的人，是一个宗教的对象，但是正因为如此，它只是一个信仰的对象，因为实际所显示的正好与此相反，是人皆有死。信仰就是把不是的想象为是的，例如想象这幅图像

---

① 所以是一个仅仅是哲学原则、仅仅是哲学对象而不是宗教对象、崇拜对象、祈祷对象、心情对象的实体，是一个不能满足愿望、不能应允祈祷的实体，也就只是一个名义上的上帝，并不是一个实质上的上帝。

是活的东西，这面包是肉，这酒是血，也就是说，是它所不是的。因此，如果你希望用望远镜在天文学的天上找到上帝，或者用放大镜在一个植物园中找到上帝。或者用矿物学上用的锤子在地质学的矿山里找到上帝，或者用解剖刀和显微镜在动物和人的腑脏里找到上帝，那就暴露了对宗教的最大的无知——你只有在信仰中，只有在想象中，只有在人心中找到他；因为上帝本身并不是别的，只是幻想或想象的实体，只是人心的实体。

五五

“你的心是怎样的，你的上帝便是怎样的。”人们的愿望是怎样的，他们的神便是怎样的。希腊人有着有限制的神——就是说：他们有着有限制的愿望。希腊人并不愿意永生，他们只是不愿意老和死，他们并不愿意绝对不死，他们只愿意现在还不死——不快意的事临到人身上总是太早些——，只愿意不要在盛年死，不要暴死，不要痛苦地死；[①]他们不希望享天福，他们只希望享幸福，只希望无牵累地、轻松地生活；他们并不像基督教徒那样不满他们受制于自然的必然性，受制于性欲、睡眠、饮食等需求；他们在他们的愿

① 因此在基督教幻想的天堂中，人如果没有犯过罪，是死不了的，而且并没有死；相反地，在希腊人看来，即使在幸福的克罗诺斯时代（Kronos，希腊神王，宙斯之父；希腊神话中称其统治时代为黄金时代。——译者），人也有死，不过死得如此平静，有如睡着了一般。在这个观念里表现出人的自然的愿望。人并不希望有不死的生命，他只希望有一个长久的在身体上和精神上健康的生命，和一个合乎自然的、没有痛苦的死。因此，为了放弃对于不死的信仰，至少要行一种非人的斯多阿式的断念；充其量也只要确信基督教的信条是建筑在超自然主义的幻想的愿望之上，从而返身回到简单的实际的人性上。

望中仍旧安于人性的限制；他们并不是无中生有的创造者，他们并不从水中造出酒，他们只是净化和蒸馏自然的水，循自然的途径把水化为神的液汁；他们并不从单纯的想象中，而从现实世界的材料中创造出神圣的、幸福的生活的内容；他们在这个世界的土地上建立起精神的天域。希腊人并不将神圣的、亦即可能的东西当作实在的东西的原型、目标和尺度，而将实在的东西当作可能的东西的尺度。即使当他们凭着哲学而将他们的神灵精致化与精神化了的时候，他们的愿望也仍然留在实际的基地上，留在人性的基地上。神是实在化了的愿望，而哲学家、思想家，就其为哲学家、思想家说，他们的最高愿望、最大幸福便是安静地思想。因此，希腊哲学家们的神——至少是那位最杰出的希腊哲学家、所谓哲学上的宙斯亚里士多德的神——都是安静的思想家；天福、神性寓于思想的无间断的活动里。不过这活动、这天福本身就是在这个世界之内、在人性以内——虽然人性是有间断的——的实在的幸福，一种确定的、特殊的、因此在基督教徒看来是有限制的、贫乏的、与幸福的本质相矛盾的幸福；因为基督教徒没有有限制的上帝，而有无限制的、超出一切自然必然性的、超人的、世外的、超越的上帝，就是说：他们有着无限制的、超越的、超世间的、超自然的、超人类本质的、亦即绝对幻想的愿望。基督教徒愿意无限地比奥林普山的诸神优胜和幸福；他们的愿望是一个天堂，在这个天堂里自然的一切限制、一切必然性都告消除，一切愿望都得到满足，[①]在这个天堂里，

① 譬如路德说："上帝所在的地方（即天堂），必定同时有一切人所能希望有的财宝。"同样地，《可兰经》中关于天堂的居民所说的，照萨伐利（Savary）的翻译是：Tous leurs désirs seront comblés（他们的一切愿望都将得到满足）。不过他们的愿望是另外一种。

没有愿望、没有烦恼、没有创伤、没有斗争、没有情欲、没有扰乱、没有日与夜、光明与黑暗、逸乐与痛苦的轮转，不像希腊人的天堂所有的那样。总之：他们的信仰对象不再是一位有限的、一定的上帝，不再是一位有宙斯、波赛东[①]或赫派司多[②]等一定名号的上帝，而是那绝对的上帝，那无名的上帝，因为他们的愿望的对象不是一个有名的、有限的、尘世的幸福，不是一个一定的满足，不是爱情的满足，也不是优美音乐的满足，也不是道德自由的满足，也不是思想的满足，而是一个包括一切的满足，因此洋溢充沛、越过一切观念一切概念的满足，那无穷的、无限的、不可言说的、不可描述的天福的满足。天福与神性是一回事。作为信仰想象的对象的天福、一般地作为理论对象的天福，就是神性，作为心灵、意志[③]、愿望的对象的神性；一

---

① Poseidon，希腊海神。——译者

② Hephästos，希腊火神。——译者

③ 此外，意志——特别是道德学家心目中的意志——并不属于宗教特有的本质；因为我能凭我的意志达到的，我便不需要上帝来达到它。把道德当作宗教的主题，等于说保存宗教之名，而放弃宗教之实。我们可以没有上帝而有道德，但是我们不能没有上帝而有福——在超自然主义的、基督教的意义下的有福——，因为在这个意义下的天福是在自然和人类的界限之外、力量之外的，因此要假定一个超自然主义的实体来实现它，这个实体所具有的性质、所能做的事，在自然和人类是不可能的。因此当康德把道德认为宗教的本质时，他和基督教所处的关系，与亚里士多德把理论认为神的本质时和希腊宗教所处的关系，是相同的或相似的。一个仅仅是思辨实体、仅仅是理智的上帝，不再是一个上帝，一个仅仅是道德的实体或“人格化的道德法则”的上帝，也不再是一个上帝。当然当宙斯微笑着从奥林普山上俯视诸神争斗时，他也是一个哲学家，但是他还无限地多于一个哲学家；当然基督教的上帝也是一个道德的实体，但是他还无限地多于一个道德的实体；道德只是天福的条件，此外，奠定基督教的天福的、特别是使它与哲学上的异端相对立的那个真正的思想，不是别的，就是认为只有在人的整个本质的满足中才找到真正天福的那个思想；因此基督教也是让身体、肉体分享神性，或者分享天福的，天福与神性是一回事。不过这个思想的发挥不属于本文，而属于《基督教的本质》那本书。

般地作为实践对象的神性，就是天福。或者更可以说：神性是一个表象，这表象的本质和真相就是天福。天福的要求达到什么程度，神性的表象就达到什么程度——并不更超越一步。谁若不再有超自然的愿望，谁也就不再有超自然的本质。

图书在版编目(CIP)数据

宗教的本质/(德)费尔巴哈著;王太庆译.—北京:商务印书馆,2022(2023.1重印)
(费尔巴哈文集;第5卷)
ISBN 978-7-100-20153-7

Ⅰ.①宗… Ⅱ.①费… ②王… Ⅲ.①宗教—本质—研究 Ⅳ.①B920

中国版本图书馆CIP数据核字(2021)第144562号

费尔巴哈文集
第5卷
宗教的本质
王太庆 译

商 务 印 书 馆 出 版
(北京王府井大街36号 邮政编码100710)
商 务 印 书 馆 发 行
北京通州皇家印刷厂印刷
ISBN 978-7-100-20153-7

2022年7月第1版　开本710×1000 1/16
2023年1月北京第2次印刷　印张6

定价:56.00元